はじめに――わが子の人間関係を応援するために、親ができること

小学校入学は、「人間関係づくり」デビュー

「一年生になったら、一年生になったら、友達１００人　できるかな～」

幼稚園・保育園から、いよいよ小学校入学！

子どもも親も、ドキドキ、ワクワクの瞬間でもあります。

親からすれば、「あんな小さかった子が、いよいよ小学生か……」と感慨にふける

とともに、わが子の成長に対するうれしさと期待感でいっぱいになるものですよね。

一方で、「どんな小学校生活を送るんだろう？」「担任の先生はどんな人？」「授業にちゃんとついていけるかしら？」といったものに加え、ある1つの大きな不安が生じるのではないでしょうか？

それは、**「わが子のお友達関係」**です。


「仲のいいお友達ができるだろうか？」

「仲間外れにならないだろうか？」

「いじめに遭わないだろうか？」

「いじめる側にならないだろうか？」


小学校入学は、子どもたちにとって、幼稚園・保育園に比べて、人間関係の幅が広がることを意味します。それは、社会に出ていく第一歩でもあります。

だからこそ、**お勉強の心配をする以上に、わが子の人間関係は、親であれば誰もが心配になる**ものです。

本書では、そんなお子さんたちの人間関係について、**38年に及ぶ教師歴での教室の現場を通して見いだした「お友達に好かれる子ども」の特徴**を基に、**親としてわが子の人間関係を応援する方法**をお伝えします。

学校でできること、家庭でできること

私は38年にわたり、教員として多くの子どもたちと接してきました。直接担任した子どもたちのみならず、生徒指導面でかかわったり、いろいろな特別活動でかかわった子どもたちも合わせれば、**1500人以上**になります。

2015年3月に教員を退職しましたが、その後も、「風路教育研究所」として、小学生のお子さんを持つ親御さんの子育て支援を中心に、積極的に活動を続けていま

す。

私のところに相談に来られる親御さんで一番多い相談テーマが、「わが子の人間関係」です。


「仲間外れにされているようだ」

「子どもの人間関係にどこまで親が介入していいのか？」

「『学校に行きたくない』と言い出した」

「どうやら、ウチの子がいじめる側にいるようだ」

「学校の担任に嫌われているみたい」


などなど、学校生活における人間関係について、さまざまな相談を受けます。

ただ、相談内容の中身に問わず、**子どもの人間関係問題対策として、ある共通した基本的な考え**があります。

それは、**「子どもの人間関係対策には、学校でできること、親でできることが、それぞれある」**というものです。

人間関係づくりに限らず、「教育・子育て」に共通するのですが、**どちらかに偏っている（まかせっきりだ）と、うまくいきません。**

学校とご家庭の両輪を回すことで初めて、子どもの教育は成り立ちます。

当たり前ですが、子どもは、つねに学校にいるわけでなく、家でも過ごします。その明確な境界線があるわけでなく、学校にいる時間も、家で過ごす時間もあっての一日です。

また、**学校の先生だから伝えられること、教えられること、親御さんだから伝えられること、教えられること**。それぞれの立場で役割があり、やれることがあります。

本書では、子どもたちが楽しく心穏やかに充実した小学校生活を送るために、「親が支援してやれることは何なのか？」についてお伝えしていきます。

教室の現場から見いだした知恵とアドバイス

また、私は、長期にわたって初等教育の現場にいて、いろいろなご家庭の子育てを見守ってきました。

ここから得られた**「この子とお友達になれたら、うれしいな」**と周囲の子どもたちから思われるような魅力あふれるお子さんに育つよう、**ママ、パパがサポートしていくためのいくつかのヒント**もお伝えします。

第1章では、まわりから仲良くなりたいと思われる子の特徴をお伝えしていきます。

第2章「『お友達に好かれる子』の育て方」では、ご家庭でできる「人間関係づくり」の能力を高める方法をお伝えします。

第3章では、「こんなとき、どうすればいいの？」と題して、よく親御さんから受ける「悩み」別に、それぞれの対策方法をお伝えします。

第4章では、親御さんにとって、学校生活における教育パートナー、支援者である学校の先生と上手な付き合い方、動かし方をお伝えしていきます。

本書が、お子さんの楽しい学校生活を過ごすためにお役に立てたら、著者としてそれほどうれしいものはありません。

わが子の「お友達」関係で悩まない本◎もくじ

第1章 みんなが「お友達になりたい」と思うのはどんな子？

第2章 「お友達に好かれる子」の育て方

第3章 こんなとき、どうすればいいの？

第4章
学校の先生と上手に付き合うために

装幀◎河南祐介（FANTAGRAPH）
本文デザイン◎二神さやか
ＤＴＰ◎株式会社キャップス

第1章

みんなが「お友達になりたい」と思うのはどんな子？

最初に、親として「意識」したほうがいいこと

人が二人以上集まれば、そこには人間関係が生じます。

それは、子どもだって同じです。小学校に入学したり、クラス替えがあったりして、まわりを取り巻く人間の顔ぶれがリニューアルする——。

そんな中で、新しい人間関係を築き、友達をつくって、楽しく心豊かに学校生活を過ごせたら、親としても安心ですよね。仲良しのすてきな友達がいたら、子ども自身も、学校生活がとっても楽しいものになるはずです。

では、心穏やかには聞くことのできない子どもを取り巻くニュースがいろいろと聞こえてくる昨今、親としてわが子にできることとは何なのでしょう。

そのことを考えるファーストステップとして、**みんなが「お友達になりたいなあ。**

仲良くなりたいなあ」と思うような子どもはどんな子なのかを、親としてイメージしておくことをおすすめします。

もちろん、「さあ、お友達を探してみよう」と呼びかけるだけでもいいのですが、もう一歩進めて、わが子のことを一番理解している親が、好かれる子どものイメージを意識しておくだけで、その後のわが子のお友達関係に大きく役立つからです。

本書で、順を追って具体的に解説していきます。

教師が使っている、クラスの人間関係を把握するツール——ソシオマトリックス

「ソシオマトリックス」というものがあります。

教師が、クラスの中での子どもたちの人間関係を把握するために簡単な質問を投げかけ、その答えを図解して確認し、指導に役立てようとするものです。

その質問は、たとえば、

「あなたは、誰のお隣の席になりたいですか？」

といったものです。

学期の初めに行なわれる「席替え」は、子どもたちにとっては一大イベントです。

自分の周辺に誰が配置されるかによって、次の席替えまでの期間が、バラ色になったり、憂鬱《ゆううつ》なものになったり、大げさに言えば、死活問題にすらなる子がいるのです。

この本をお読みのママ、パパの中にも、ご自身が子どもの頃、「そうだったなあ」と思われる方もいらっしゃるのではないでしょうか？

この問いかけによって、個人的な仲良しさん同士が浮き彫りになったり、みんなから「あの子のそばにいたい」と思われている子がはっきりすることもあります。

逆に、「四六時中あの子のそばで授業を受けるのは勘弁してほしい」と思われている子がわかったりもするわけです。

クラスを〝経営〟している担任から見ると、「ああ、あの子なら、さもあろう」という鉄板の子もいれば、「へえ、あの子がねえ。あの子の魅力は、どのあたりにあるんだろう?」という子もいたりして、特に新しい学級を担任することになったときなど、大いに参考になることが多いのです。

子どもは、相手の真の姿を見抜いている

幼稚園時代から小学校を卒業するまでずっと同じ顔ぶれでクラス替えがないという小さな学校から、1学年に5組も6組も存在し、最後まで同じ組になったことのない子もいるというマンモス学校まで、地域や学校規模の違いがあるので、「初めて顔を合わせる」という体験を何度もする子どもたちばかりではありません。

ただ、学校においての集団は、学級だけではありません。クラブ活動だったり、委員会だったり、集団登校の班だったり、といろいろな集団に属することになります。

新学期あるいは新学年ごとにリニューアルされる「顔合わせ」が、さまざまあるわけです。

今の教育現場では、親御さんの時代にあったような「学級委員」や「児童会会長」を選挙や推薦で選ぶというところは少なくなってきています。

「学期ごとに交替で代表を決め、各学級の代表が集まって意見交換の場を形づくる」「児童会では、その代表委員会の中の代表が取りまとめを行なう」など、「学級委員」「児童会会長」は、特別という感じがなくなってきています。

子どもたちは、1年生に入学したとき、あるいは、クラス替えがあったとき、はたまた、4年生から6年生までが何かの委員会で最初に集まったときなど、イベントや区切りごとに、お互いに「この子はどんな子なんだろう?」と、いろいろな情報を受け取りながら判断しようとします。

最初はあくまで印象から入ります。

◎頭がよさそう、に見える
◎優しそう、に見える
◎親切そう、に見える
◎意地悪そう、に見える
◎かっこよさそう、に見える

などなど、人それぞれの印象で相手を判断します。

でも、朝の「おはよう」から帰りの「さようなら」までずっと同じ教室で過ごしたり、定期的に同じ活動をしたりするうちに、真実の姿、正体は時間の経過とともにわかっていきます。

「優しそうに見えるのに、案外底意地が悪いんだよね」とか、**「意地が悪いのかと思ったけど、困ったときに手を貸してくれたのは、あの子だけだった」**とか、子どもたちが心の中で、「あの子といると心地いい」と感じる子と、「あまり付き合いたくないなあ」と思う子が出てくるのです。

子どもたちは口に出しては言いませんが、小学生にもなれば、お友達の真の姿をしっかり見抜いています。

親としては、**子どもだからといって、お友達の真の姿を見抜けるはずはないと決めつけないほうがいい**でしょう。

ですので、学校から帰ってきたときなどに、**お友達関係についての話が出た場合、その話を尊重して耳を傾けてあげる**ことが、とても大切になってきます。

自分ではしっかりわかっているつもりなのに、一番認めてほしい相手に自分の話を半信半疑で聞かれるのは、大人だってとてもつらいことですよね。子どもだったらなおさらです。

低い学年ほど、打算では動かない

とはいえ、**1年生や2年生などの低学年生**は、まだ人間関係にそれほどもまれていないので、自分の思ったことや感情にストレートです。「○○ちゃん、嫌い。意地悪！」などと、**本人の前でもストレートに言ってしまう**ケースが多く見られます。「あの子は嫌いだけど、頭がいいから付き合っておこう」とか、「逆らうと、あとで嫌なことをされるから、いい顔しとこう」みたいなことを考えた上で友達関係を築くことは、あまりありません。

ただ、今問題にされているような陰湿ないじめをするタイプではなく、いわゆる昔ながらの「ジャイアン型」いじめっ子などに対して「おとなしくしておこう」というのは、低学年の時点でも見受けられます。

小学3年生になると、打算的に考えたりしながら、お友達関係をつくるようになってきます。それは、けっして悪いことではなく、集団の中で自分の身を守る、防衛本能であり、正常なことです。

親や教師からすると、子どもの本音が見えにくくなってくるとも言えます。大切なのは、**「この人（パパ、ママ）の前では、本音を言っていいんだ」という信頼関係を築いておく**ことです。

とはいっても、特別難しいことではありません。

学校での話があれば、ふだんからどんな些細なことでも、尊重して耳を傾けて、反応してあげることです。

特別なアドバイスができなくてもいいのです。とにかく聞いてあげて、うなずいたり、共感してあげるだけでも十分信頼関係の基礎は築けます。

わが子のお友達になってほしい子の条件を決める

わが子のまわりに存在する子どもたちは、多かれ少なかれ、何らかの影響を及ぼす存在ですから、ママ、パパにとっても気になるものですよね。

数多くの私立の学校が存在する都市部では、「朱に交われば赤くなる」を念頭に置いて、友達選びを周到に進めるために、義務教育の時期から受験させ、ゆくゆくはわが子の友人となり得る子どもたちを「選びたい」と考える親御さんも少なからずいらっしゃいます。

家庭環境も学力もさまざまな公立の学校よりは、厳選された家庭のそれなりのしつけをされたお子さんが入学してくるのではないか、という期待をするわけです（だからといって、必ず期待どおりにいくとは限らないのが、この世の常ではありますが……）。

その気持ちは、ホントによくわかります。

ただ、47都道府県のうち、そういった選択が可能なエリアは、そんなに多くはありません。また、ある程度の経済的な余裕がなければ、小学校から私立という選択肢は選べないでしょう。

そういう選択の余地のない状況の中でも、「こういった子と友達になってほしい」という親の望みはあるものですよね。

親御さんからの望みを聞くと、いろいろ条件が出てきます。一例を挙げてみます。

◎挨拶がちゃんとできるなど、しつけられている子
◎思いやりがある子
◎性格のいい子
◎明るい子
◎人の悪口を言わない子
◎運動ができる子
◎勉強ができる子
◎お金の管理ができる子
◎ご両親がそれなりの仕事をしている子

などなど。本音を伺うと、いろいろ出てくるものです。

とはいっても、**すべてが揃っているお子さんは、めったにいるものではありません。**

そうだとすれば、**「これだけは外せない」という条件**を、親として決めておきたいものです。

見た目は、お友達関係に影響するのか？

初めて顔を合わせたときは、他に何も判断材料がないので、姿形で判断するしかないのは、大人も子どもも同じです。

その子の性格も、持ち味も、性質も、バックグラウンドも、何にもわからないわけですから、仕方のないことです。

であれば、見た目が「かわいい」「かっこいい」ほうが、そうでない子より有利かもしれません。

しかし、子どもたちは、ちゃんと見る目を持っています。メッキははげるということを無意識ながらも理解し、本質を見抜くので、外見だけではダマされません。

外見で唯一、**親として心掛けたほうがいいこと**があります。

それは、**「清潔感」**です。

登下校のときは私服や制服を着用していても、学校に着くと運動着に着替える学校や、体育の授業時間だけ着替える学校があるでしょう。

運動着は、動きやすいばかりでなく、汚れることも想定されています。転んだり、座ったり、ボールを投げたり受けたり……。当然、土やホコリなどの汚れが付きますし、体からの汗も吸い取ります。

ふだんから通学で着ている洋服や制服以上に、**運動着の清潔感**は、とても重要です。まさに親の責任が問われることです。

成長が著しい小学生は、汗腺の働きが活発で、かいた汗も手伝って、臭いが発生してしまうこともあります。

すると、子どもといえども、隣の席に座るのがためらわれるようになってくるのです。

小学生のいじめのきっかけになりやすいのが、この清潔感のない状況です。

小学生の清潔感は、子どもの責任ではなく、親の責任です。

週末には洗濯のために持ち帰るのが普通ですが、子どもが持ち帰ってこなかったときには、しっかり伝える必要があります。「自分が困るだけだから、放っておこう」なんて思わずに、そこはしっかりしつけてあげてください。

夏場などは、週の半ばにも洗うことができれば、なおいいですよね。そのためには、替えの運動着がもう1枚あると安心です。

長年着用していると、何となくオフホワイト、ライトベージュっぽくなってくる。それでも、「洗った感」があるものはＯＫです。

清潔感というキーワードで、もう1つ心掛けてあげたいアイテムが**「靴下」**です。子どもは活発ですから、すぐに穴が開いたり擦り切れたりするものです。靴下やソックスは、消耗品という意識で、ぜひこまめにチェックしてあげてください。できれば、**ハンカチ**も忘れずに。

また、この本を手にとってくださっているママ、パパには信じられないでしょうが、「お風呂にちゃんと入ってるのかなあ?」というお子さんも、たまにいたりします。髪の毛がべたーっとしていたり、顔がなんとなくすすけたような感じだったり。

しかし、これは、完全に子どもの責任ではありません。**100%親の責任**です。

30年も前の昭和の時代、いつも鼻を垂らしている子の存在が確かにありました。しかし、現代ではほとんど見かけません。

清潔感や見た目は、小学生のうちは、親御さんの支援、サポートが欠かせないと心得ておきたいものです。

性格を超えて、お友達として受け入れられる子の特徴

ここまで、「わが子のお友達関係をつくる」以前に、親としてまず気をつけなければならないことをお伝えしてきました。

ここからは、多くの子に支持される子、また、複数の子に敬遠される子というのはどんなお子さんなのかを、事例を交えながらお伝えしていきます。

「わが子は、小さい頃からやんちゃで困る」と悩む親御さんが意外と多くいます。

ところが、一見、友達には迷惑な行為ばかりしているように見える子でも、**他の子を納得させることのできる、何かきらりと光るものを持っていると、受け入れられる**ケースが多くあります。

比較的人数の少ない5年生のクラスの中に、結構やんちゃをする男子が一人いまし

た。クラス替えのないまま高学年までできた子どもたちなので、お互いのことは、新しくそのクラスを持ったばかりの担任以上によく知っている。そういうクラスでした。高学年ともなると、お互いの人間関係にも気を配る子も出てきて、大きなトラブルもなく生活していました。

そんなある日、「おやっ?」と気にかかるちょっとした出来事がありました。ある男子の掲示物に、消えないペンで落書きが描かれていたのです。

誰がやったのかは、すぐにわかりました。何かとやらかす、やんちゃなA君でした。ところが、ここで、落書きを描かれた子と何人かのクラスメートが意外なことを話し出したのです。

「先生、あいつはね、確かにいたずらはするし、ちょっともめると、こんなふうに頭にくることもするよ。でもね、森の中で植物や小枝を利用して、何かをつくる方法を知ってるし、食べられる植物や薬になる植物、触っちゃいけない植物まで、とにかくいろんなことをたくさん知っているんだよ。知ってるだけじゃない。蔓《つる》で入れ物を編んだりできるし、ケガしたときに使える植物のことにも詳しくて、実際に手当てをしてくれたこともある。僕たち誰もできないことが何でもできるんだよ。結構すごいやつなんだ」

「A君にはそんな一面もあったんだ」と、私も驚きました。人を困らせてばかりいると思ったA君が、実は仲間が尊敬するほど、誰も知らない技術と知識を持っている。**オンリーワンの存在**でもあったわけです。

いかがでしょう。

親としてできること。

それは、**お子さんが何かに強い興味を持っていたら、そこをしっかり徹底的に伸ばしてあげる**ことです。ゆくゆくその子の人間関係はもちろん、人生そのものをサポートすることにつながる可能性があるからです。

どんな子も、自分が「大好きなこと」を知っている

何かに強い興味を持つ。虫が大好きな子もいれば、自動車の知識は誰にも負けないという子もいます。

「でも、ウチの子は、どうなんだろう？　そこまで好きなものなんてないんじゃないか」

そう思っているママ、パパもいるでしょう。

でも、大丈夫。

どんな子でも、「自分が大好きなことは何か？」「興味のあることは何か？」をよく知っています。それに対しては、夢中になることができます。

先ほどのA君の場合も、パパやおじいちゃんと森歩きをしているうちに、身につけた知識と技能です。

小学生は、親の行動の影響を強く受けます。

ですから、何でも教えたりやらせてみたりして、その子の興味を引き出したり、才能を見いだすこともできるのです。

「そうは言っても……」と思われている親御さんには、普通の男の子たちが、みんなに一目置かれるようになったかっこいいエピソードも参考になるかもしれません。

家庭科の時間に、ジャガイモと青菜をメインにした調理実習をしたときのことです。

ひと昔前でしたら、「粉ふきいも」と「青菜の油炒め」あたりが基本メニューです。

でも、その子どもたちは、「自分たちのできる範囲で、もう少しおしゃれなレシピに挑戦したい」と言ってきました。

3つの班に分かれて検討した結果、各班が出してきたレシピは次のようなものでした。

◎A班：修学旅行のときにお昼を食べたイタリアンレストランのバイキングメニューにあった「イモック」（自分たちで名付けたジャガイモ料理）。味と調理法をなるべく再現したいということで、マッシュしたジャガイモにチーズやコーンを混ぜ小さく丸め、溶き卵とパン粉をつけ、フライパンで焼く。

◎B班：ご存じ、ジャーマンポテト。材料は、ジャガイモとタマネギとベーコン。

◎C班：ジャガイモのハンバーグ風。こちらもマッシュしたジャガイモに、みじん切りのタマネギ、ニンジンを加え、ハンバーグ風にまとめたら、片栗粉をまぶしてフライパンで焼く。

いずれも洋風メニューでした。

いざつくり始めるやいなや、

「先生、ピーラーを使っちゃダメですか？」の声が次々に上がります。今回は、包丁で皮をむき、ジャガイモの芽も取ることを課題の1つにしていました。

ところが、こういったときに「やったことのない」子は、ギブアップなのです。親指をかけながら、どのように包丁を入れていくか、どの部分で、手を切らないように芽を取り除くか、実演を見せながら指導したあと、「乳母日傘《おんばひがさ》」の女子チームが、危なっかしい手つきで恐る恐る皮むきをしている中で、注目を集め出したのが男子チームでした。

さっそうと腕まくりすると、慣れた手つきでささっと皮をむき、タマネギをみじん切り。青菜を炒めるにあたっては、フライパンを軽くふると、中華の鉄人よろしく炒めている材料が空中で返るという妙技を見せる子もいたのです。

給食大好きの少々ダイエットが必要そうな体型のS君も、野球のピッチャーでならすK君も、将来東京で一人暮らしが希望のT君も、調理実習の「速水もこみち」として、株が急上昇。男子厨房に入ります。

「うわー、S君、すごーい！」「K君、かっこいい！」

女子からは、賞賛の嵐です。その後の彼らの株は上がりっぱなしでした。

子どもが興味を持ったことに、できるだけ挑戦させてあげる

彼らは、たまたま**「好きこそものの上手なれ」**で、そのような技術を身につけたのかもしれません。

でも、その最初の段階では、少なからずお家の方の手本や指導があったことは確かです。

危ない危ないと言って、何もやらせないでいては、いざというときに、何にもできない大人になってしまいます。

教えてもらったことに、たまたま開眼した彼らは、その力を自分のものとして落とし込み、女子からも尊敬の眼差しを注がれる存在になったというわけです。

最初のうちは、大人がしっかり指導、管理しながら、生活に必要なある程度の「家

庭科」的技術を習得させておいたことが、本人たちのためになったようです。

「家庭科」的技術。今の時代は、女の子だからできるだろうとか、男の子だから無理とかは、一切ありません。そして、毎日生活していく上で使う可能性大なのに案外できなかったりするので、それができる子に注目が集まり、人気が出たりするんですね。

「何かができる」強みを持っていることは、お友達に好かれる子の大きな特徴の一つと言えます。

親としては、わが子が興味を持っていることを見抜いて、それを伸ばすための手助けをしてあげたいものです。

「お友達に受け入れられる子」の共通点

お友達に受け入れられる子の特徴は、「何かができる」ことだけではありません。

実はそれにも増して、受け入れられる子には、ある共通の特徴があります。

それは、**「相手の気持ちを想像できる」**ことです。

遠足や社会科見学など、学年みんなで出かけるときに、教師として特に配慮することがあります。

それは、お昼です。昼食を誰ととるかです。

子どもたちは、「好きな人同士」を希望することが多いのですが、前出の「ソシオマトリックス」などで誰からも選ばれていない子が、こうしたところで悲しい思いをしないように配慮しないと、誰からも誘われず1人残ってしまう場合があるのです。

教師としては、前もって「1人の人がいないように!」と言葉をかけておくのですが、様子を見ていると、やはり1人になってしまう子がいます。私から「1人にしない」お達しが出ているので、彼らは一緒に食べようと声をかけます。

場を改めて、1人になりがちな子のことを他の児童にさりげなく聞いてみます。

「ねえ、B君と仲のいいお友達って誰かなあ?」

「いないんじゃないかなあ。暗いしー、あんまりしゃべらないしー、なんか苦手なんだ、ぼくも」

そこで、クラスで「相手の気持ちを想像できる」子であるY君に声をかけてみます。

「ねえY君。B君、いつも1人で寂しそうなんだけど、昼休みとかに、一緒に遊びに誘ってくれる？」

「はい、わかりました。B君って、幼稚園の頃からあんまりお話ししない子だから、ホントは遊びたくても、一緒に遊ぼうって言えないのかもしれないね」

Y君が、どうしてみんなに好かれているのか、彼の言葉からお気づきでしょうか？

彼は、相手の立場に立って、心の痛みを感じ取れる、そういう優しさを持っているのです。

相手の立場、状況、そして感情を想像して、それに寄り添ってあげる。それができる子は、お友達として受け入れられるのは当然かもしれませんね。

そういった感性を育てる方法は、第2章で詳しくお伝えします。

みんなに「嫌われがちな子」のタイプ

このように、クラスの中には、お友達として好かれる子もいれば、みんなに嫌われがちな子もいます。**清潔感などの外見面は関係なく、です。**

1500人以上の子どもたちを見てきて、嫌われがちな子にはある共通する特徴があります。

それは、ガキ大将である「ジャイアン」タイプのわかりやすい意地悪ではなく、やっていないように見えて、**相手が悲しい気持ちになるようなことを、裏で言ったりやったりする**ことです。

学年が進むほど、口には出して言いませんが、「あの子、嫌だな」と思われている場合があります。

ママ・パパの世代も「自分もやっていた」と思い当たる人がいるかもしれませんが、何人かでノートを回し、いろいろなことを書いていく交換日記は、今の小学生でもやっています。

学校で毎日顔を合わせていても、休み時間や学校の帰り道だけでは十分ではなく、話したい内容がたくさんあるのでしょう。このノートが、LINEやFacebookなどのSNSを持たない子どもたちの代わりのツールともいえます。

この交換日記ノート自体に良し悪しはありませんが、ただ、そのノートの中でのやりとりで、感情的な行き違いが生じるケースが見受けられます。

「ここは、本当のことを書いてね」と促しながら、心に少し屈折した感情のあるお子さんが、**書かれたことに対して批判めいた文句を言ってみたり、自分が優位に立つような行動を取ってしまったり**、3人以上の奇数の人数でやっている場合、どちらかについて、分裂が生じるケースがあります。

その発端となる子は、どうしてもみんなに好かれない、嫌がれてしまうのです。

このようなお子さんの場合、ご家庭に屈折した感情を生む要素がある場合もあるので、教師としては、その子自身についても細心の気を配ります。どちらかというと女の子に多く見られるかもしれません。

同じ言動でも、男子と女子で差が出る？

同じ言動でも、「性差」で受け入れられたり嫌われたりすることがあります。

特に1、2年の低学年に多いのですが、何でも仕切りたがる女の子は、嫌がられる傾向にあるのに、男の子の場合は同じようにやっても、皆、結構言うことを聞き、そんな傾向が見られないのです。

図工の時間、絵の具ケースのしまい方について、あれやこれや言っている女の子の言動には反発する意見を述べていた子たちが、同じようなことを伝えている男の子の意見には、異議を申し立てていないのです。

これは、単に当人の男の子が、カリスマ性を持った人気者だったり、個人差の問題の場合もあります。

しかし、セクシャリティーとジェンダーという両面の性差から見てみると、この現象も理解できるような気がします。

まず**セクシャリティー**の面から見てみましょう。

生まれたときの体重の平均は、男の子のほうが100gぐらい重く、骨格もしっかりしています。個人差はありますが、泣き声も男の子のほうが力強く、大きいといわれます。

また、男の子は、乗り物などの動くものに関心が向き、体を動かすことも好きですが、女の子に比べて、言語機能の発達がゆっくりで、しゃべる時期が遅い傾向があるともいわれています。

一方、女の子の場合、単語を覚え、言葉を口にする時期も、男の子と比較すると早い傾向にあり、**身の回りのことや母親がやっていること、人とのかかわりにも早く興味を持ちます**。

精神的な発達も男の子より早いため、**「おませだ」**とか、**「口が達者だ」**とか言われることも多く、母親のこともよく見ているので、ままごとなどの「ごっこ遊び」が好きです。

このような生まれたときから違いのある男女の性差がセクシャリティーであるのに対し、社会的、文化的背景からの一般常識など、**親が取り入れている性差がジェンダー**です。

たとえば、子どもが生まれたときの衣類の色を、「男の子はブルー」「女の子はピンク」などが典型例です。最近は問題視されている「男の子なんだから、泣いちゃダメ。しっかりしなさい」「女の子らしく、おとなしくして」といった言葉がけによってつくられる男女の性差ジェンダーもあります。

前出の仕切りたがりの女の子が、**母親のように細かいことを細々と指示するのを「うざい」と感じ、体ががっしりとした男の子が発するリーダーシップには「言うことを聞こう。聞かなきゃ」という気になる**という現象は、この性差ジェンダーが深くかかわっているといえるでしょう。

被害者と加害者は、流動的に入れ替わる

また、「いじめられる」側と「いじめる」側が、何かをきっかけに入れ替わることがあるのも、特に子どものいじめでよく見受けられる現象です。

ジャイアンみたいな典型的ないじめっ子ではなく、成績も良く明るいクラスのリーダー的存在がいじめる側にまわることもあるわけです。

ただ、いじめをしてしまう子は、**学校生活以外のストレス**が影響している傾向が強くあります。

愛情不足、子どもへの過剰な期待、両親の不仲など、**プライベートの領域とセットにして考えていかないとなかなか解決できません。**

当たり前ですが、学校生活と家庭生活に明確な境界線は存在しません。子どもにとっては、**学校生活も家庭生活もあっての1日**であり、1週間であり、1カ月であり、1年であり、人生だからです。

家庭生活でどのような対策をとればいいかについて、詳しくは第2章以降でお伝えしていきます。

意外な子も、いじめられる

いじめられる子のタイプは限定できるかというと、38年にわたり教育現場を見てきた経験から言えば、正直難しい面があります。そんな単純な構造であれば、誰も苦労しません。

もちろん、前述のとおり、「清潔感がない」子はその確率が高いと言えますが、「まさか！」というようなことが起きるのが、この「いじめ」の世界です。

頭もいいし、話もできる。明るくも見える。

そんな優等生タイプが、標的になることもあります。

いわゆる、**「嫉妬」**です。

いじめる側からすれば、何でもイチャモンになりうるので、「頭いいふりしちゃってさあ。気にくわない。あの子と口聞きたくない」。

昨日までいじめる側だった「底意地の悪い」子が、「気にくわない」とやられる側にもなるのです。

思春期ほど、この問題はエスカレートしやすい傾向にあります。

なぜイチャモンをつけてこういう行為に至るか原因を探っていけば、行き着くところ、やる側のストレス解消です。嫉妬心の解消とも言えます。

嫉妬心は、人間であれば誰にでも湧き起こる感情です。**喜怒哀楽に続く「第五の感情」**とも言われています。それは、年齢も性別も関係ありません。

大切なのは、**その嫉妬心とどう向き合い、どうコントロールしていくか**です。

私は心理学の専門家ではないので、詳しくは専門家にお任せしますが、嫉妬心と向き合い、それをコントロールするには、**自己尊重感が深くかかわってきます。**

つまり、自分で自分を尊重できる、人は人、自分は自分、それぞれの価値を見いだすことができるかどうかが大きく影響していると言われています。

このような観点で考えたときに親として大切になってくるのが、先にお伝えしたとおり、**わが子の「好きなこと」「得意なこと」を見つけてあげて、伸ばしてあげるこ**とです。それが、結果的に自己尊重感を高める原動力になるのです。

昔の「いじめっ子」、今の「いじめっ子」

ここまで、いじめっ子、いじめられっ子の傾向を見てきましたが、その傾向は、昔と今では徐々に変わりつつあります。

「いじめ」の質が変わってきているのです。

まだインターネットもスマホも未来の出来事だった昭和の時代、普通に存在していたのは、**ガキ大将で「ジャイアン」タイプ**の「いじめっ子」でした。

一見、そう見えない子が、陰湿にまわりを巻き込みながら、ジワジワと相手が精神的にとことん追い詰められるまで行ない、社会問題ともなっている現代版のいじめがはっきりと認識されたのは、１９８４年頃からだという調査結果があります。

比較的体の大きなガキ大将が子分を引き連れて、相手がキャーキャー言ったり、困ったりするのを見ながら単発で行なうようないじめの場合、特定の子が追い詰められて自殺まで考えるようなケースは、今に比べて多くありませんでした。

また、昔は、いじめる側は少数。相手は近所の子たちだったり、自分より小柄な同級生だったり、不特定多数のことが多いものでした。

いじめられやすい子の特徴というより、「ジャイアン」に代表されるように、いじめをしやすい子の特徴のほうがわかりやすかった時代です。

絶滅危惧種のように、この次元のいじめは壊滅したわけではなく、今でも細々と残っていますが、ほとんど目立たず、「こらあ、何をしてるの！」の一喝で、遺恨も残さず、消滅してしまうケースがほとんどです。

一方、**今のいじめは、「ごく普通の子」**が、まわりを巻き込みながら、特定の子をいじめるケースが増えてきました。

それが増えてきた大きな理由の1つに、**「コミュニケーション」の変化**があります。

昔は、基本的に顔を合わせていないとコミュニケーションがとれなかったので、子どもたちの言動は第三者の目が届く範囲にとどまっていました。

今は、第三者の目が届きにくいコミュニケーションも可能になってきました。

すでにご承知のとおり、ネットやSNSの発達で現実のコミュニケーションが表に出にくくなったため、まわりが気づきにくくなっているのです。

子どもたちの人間関係が、学校にいる時間だけでなく、下校後の時間まで「つながってしまう」「つながらなければならない」という環境になってしまったのです。「四六時中、縛られている」とも言えます。

こうしたコミュニケーション環境の変化が、「いじめっ子」の質も変えたのです。

昔の「いじめられっ子」、今の「いじめられっ子」

ある日、今は父親より背も高く、立派な社会人となった昔の教え子と父親にバッタリ出会ったとき、そのパパがつくづく言いました。

「いやあ、先生、ウチの息子も今ではこんなにでっかくなりましたが、小学校にあがった頃は、体も小っちゃくて、いじめられやしないかと心配でした。それで柔道を習わせたんですよ」

「体も小っちゃくて、いじめられやしないか」と言うパパの心配は、昔のガキ大将的いじめっ子の世界のいじめでしょう。

一方、ホームセンターで会った、かつての教え子だった女の子のママには、こんなことを言われました。

「おかげさまで、ウチのM子も高校生です。早いもので、来年は受験です。テニスなんかやりながら高校生活を楽しんでいます。でも、1年生になったときは、いじめに遭ったりしないかと心配でした」

このママの心配するいじめは、当時すでに社会問題となっていた、世のママ、パパが心を痛める、現代版のいじめを指していました。

このように、**社会人と高校生というお子さんの年齢差の間に、「いじめ」という言葉が指し示すものが大きく変わっています。**

わが子がいじめられないためには、どうすればいいのか？　その答えが、今と昔では違ってきていると言えます。

時代に関係なく、必要な力

ただ、昔も今も関係なく、いじめる側、いじめられる側も関係なく、いじめに巻き込まれないための大切なポイントがあります。

それは、**「自分の気持ちや考えを表現できるかどうか」**ということです。

先ほど、嫌われやすい子にはどのような傾向があるかについて、少しお話ししましたが、自分の気持ちや考えを口にできないでいると、はっきり嫌だと思っている気持ちも表明できないし、屈折した感情が誤った方向に行ってしまい、相手を苦しめる立場にもなりかねないのです。

これは、「いじめられやすい子」が「いじめをしやすい子」に転じるケースですが、そのまた逆に転じるケースもあります。

自分の考えを堂々と述べることは、これからグローバルな社会の中で活躍する子どもにとってたいへん重要な力だとして、最近の小学校の指導要領では、**プレゼン力**を育てるような活動がどの教科でも指導内容に取り入れられています。

この能力は、その目的のみならず、**いじめ関連のマイナスの内容を回避する1つの能力**としても、大切な力になってきます。

「自分の気持ちや考えを表現する」能力をつけるカリキュラム

今の学習指導要領では、どの教科においても、自分の考えを表現することについて、たいへん重きを置いています。

これまでもお話ししてきたように、いじめられやすい要素を持っている子にとっても、その逆の傾向にある子にとっても、**自分の気持ちや考えを表現できる力、コミュニケーション能力は、重要な能力**です。

現代ではいじめ用語の1つとして「シカト」という、昔の社会的制裁の「村八分」に近い言葉がありますが、これは、「完全無視」、コミュニケーションを絶ってしまう方法です。人は単独では生きていけない生物ですから、それはとても耐え難いものがあります。

では、こういった**プレゼン力を伸ばす方法**が、各教科にどのように取り入れられているのか、いくつかご紹介しておきましょう。

国語科での表現力アップを基盤としながら、算数においても、式・図・表・グラフなどを用いて互いに自分の考えをわかりやすく表現し、伝え合ったりします。

6年生の使っている算数の問題集の中に、ひと昔前までは見られなかったタイプの問題があります。

円の面積の出し方の基本を学習したあと、四角形や円を組み合わせた図形の着色された部分の面積を出すという問題は、記憶にある親御さんも多いと思います。パズルのように、「まず、ここの面積を出して、次にこの三角形の面積。で、ここの円の面積からこの三角形の部分をひいて……」と格闘する、あの問題です。

このタイプの問題の変化形があります。

「えりこさんは、『○×○×3・14＝◯◯、(□＋△)÷2＝◇、◯◯－◇×……』という式をたて、▲■●の部分の面積を出しました。えりこさんは、どのように考えて答えを出したのか、Aの形やBの形を説明の中に用いながら、記述しなさい」

答えを導き出すまでの考えを表現させる問題です。

外国語活動においても、コミュニケーション能力の素地を養うことが目標に挙げられています。

このように、**学校の教育現場ではコミュニケーション能力向上を目指しているの**ですが、**ご自宅でもできる**ことがあります。

それは、基本的なことですが、**話したり聞いたりする機会を多くつくる**ことです。

それでなくても、男の子は、女の子に比べて大きくなるにつれて、家庭内での会話が減っていく傾向にあります。母親との言葉のやりとりが減り、だからと言って、父親と話すかというとそうでもなく、父親とは元々以心伝心のような関係だったりします。

日本語のコミュニケーションは、多くを語らずに「察する」ことを求められてきました。それは文化であり、基本的には変わることがないでしょう。

しかし、国際化の波が押し寄せてきている現代、そういう文化の中でも、相手に自分の言いたいことがはっきり伝わっていることが大事になってきます。

国際化という面だけでなく、テクノロジーの発達、インターネットの発達により、さらに直接コミュニケーションの機会が減り、ますます、自分の言いたいことをしっかり伝えることが求められる時代です。

だからこそ、**ご家庭でも、きちんと話を伝えていく基礎練習が必要**になってきます。

まずは、あまりにも簡単なことですが、**「挨拶をしっかりする」**です。「明るいあいさつ運動」などに取り組んでいる学校も多く、しっかりはっきり挨拶する効用は、気持ちいい、清々しいという感情的なものだけでなく、**コミュニケーション能力の向上**にまで及びます。

朝起きたら**「おはようございます」**、家を出るときは**「行ってきます」「行ってらっしゃい」**、家に帰ってきたら**「ただいま」「おかえりなさい」**、寝る前には**「おやすみなさい」**、初対面の人との**「こんにちは。初めまして」**。

それは、**子どもに強制するのではなく、まずは親からすすんでやっていきたい**ところです。最初はなかなかしない子だったとしても、小学生だったら、まず間違いなく、身についていくはずです。

挨拶の次のステップは、「感謝の気持ちを伝える」です。

「ありがとうございます」という感謝の言葉を口にされて、嫌な気持ちになる人はまずいないでしょう。

ポイントは、**「ありがとう」にプラスのひと言を添えてあげる**点です。

家族の中でも、「ありがとう。手伝ってくれて、助かったわ」と、「ありがとう」に簡単な感謝の言葉を添えて気持ちを伝えてあげてください。

その**ひと言添えが、大きな差**になっていきます。

家でやっていることは、おのずと学校でもやるようになります。それが、最終的に子どもの人間関係をスムーズにする力に変わります。

たかが挨拶、されど挨拶。ぜひ今日から試してみてくださいね。

第2章

「お友達に好かれる子」の育て方

人間関係づくりの根幹は、子ども時代につくられる

「三つ子の魂百まで」とは、「幼い頃の性格は年をとっても変わらない」という意味ですよね。

もう少し詳しく言えば、3歳頃までに受けたしつけによって性格や性質は、100歳になっても変わることがないというわけです。

これは単なる迷信ではなく、**脳科学の世界でも、脳の神経細胞は生後3年ぐらいで8割方できあがる**と言われています。

「オオカミに育てられた子ども」という逸話があります。近年では、その話の信憑《しんぴょう》性に疑いが持たれ、真実ではないという説が有力視されていますが、赤ん坊の頃から幼少期までオオカミに育てられたというインドのアマラとカマラという二人の野生児

の少女の話が、幼少期の養育の重要性を伝える話として知られています。「氏より育ち」という言葉もあります。「人は家柄や身分より、育て方や育てられた環境が大切である」という教訓として有名ですね。

これらはいずれも、幼少期の家庭教育の役割の重さについて伝えているものですが、小学校に入学し、学校教育の世界に入ったときにも、その最初の段階としての**小学校時代の親御さんのかかわり方が、その後の学校生活に大きく影響を及ぼす**と言っても過言ではありません。

中学、高校に行ってから、「うちの子は勉強しなくて」と嘆く親御さんがいます。お話を伺うと、お子さんが小学校時代に、自分たちの行動がどれほど後々に重要な意味を持つかということに、残念ながら気づいておらず、手をこまねいてそこまできてしまっているというケースが多く見受けられます。

時間は戻せないだけに、本当に残念でなりません。

「鉄は熱いうちに打て」とは、よく言ったものです。

現代社会は、ママもパパも忙しい生活を送っています。とても子どものことまで十分に手が回らない——。

いやいや、そんなことを言っている場合ではありません。

6年間。わが子の学校生活、多くは**12〜16年間の最初の6年間に親がどうかかわっていくかで、その後の子どもの人生が決まる**としたら、これはかなり重要な意味を持つ6年間だと思いませんか？

家庭訪問、三者面談の重要性

たとえ「三つ子の魂」で、3歳までに大きく決まってしまっている部分があろうとも、学校生活がスタートした小学生の時期を子どもの人格形成の初期ととらえれば、まだまだこの段階で、今後の人生に深く関与する子育ては十分にできます。

学校の選択肢が極端に少ない国内の大多数の地域では、多くの子どもたちが当然のように公立の学校に通い、高校の受験から選択の自由が保障されるようになります。

そのようなシステムの中で、ありとあらゆる環境の中から一カ所に集い、席を同じくして勉強している子どもたち。私たち指導者としては、そういう子どもたちの家庭環境、地域の環境といったバックグラウンドを知ることは重要です。

その機会が**「家庭訪問」**です。

平成になったばかりの頃は、家庭訪問といえば、各家庭にお邪魔し、お家の方の教育方針などを伺いながら、家庭環境など、子どもたちを指導する上で有益なたくさんの情報を把握してきたものです。

「こんなに遠くから、歩いてくるんだなあ」と、生徒の自宅に行く道すがらで感じることができます。

ご自宅にお邪魔したら、「これっ！　おねえちゃんの先生がいらっしゃっているんだから、静かにしなさい！」と言うママの声。

今、駆け込んできて、テーブルの上のおまんじゅうをつかんで走り去ったのは、幼稚園入学前のやんちゃな弟か。あの子は家に帰ると、その弟の面倒を見ているようだ」

「あーっ、そこは開けちゃダメ！」と、ママが弟君に叫んだときには、すでにその襖《ふすま》が開けられ、忙しい中、必至に片付けたと思われる諸々のものが、山積みで登場……などなど。

現在では、「玄関先訪問」という、子どもたちの家がある場所を確認する程度の学校も増え、また家庭訪問は、学校での**「三者面談」**のみという形も増えてきていますが、学校と保護者の方と二人三脚で子どもたちを育てていくために、大切な行事であることに変わりはありません。

教師としては、「家庭訪問」を通じて、親子の関係性、お子さんの家庭での状況を把握するのはもちろん、親御さんから相談を受けたりもします。

その貴重な機会を、親として最大限利用してほしいのです。**こんなことを聞いたらダメかなと思うようなことでも、どんどんたずねてみる**ことです。

教師は、親御さんとのコミュニケーションを望んでいます。

親として、わが子が学校生活をどのように過ごしているのかをしっかり把握する絶好の機会です。その行為は、親としての愛でもあります。

ちょっとでも気になること、特にわが子の人間関係において気になることがあれば、ぜひ遠慮することなく、相談してみてください。

わが子の視野を広げるための秘策

当たり前ですが、子どもは、大人と違って、自分のまわりのことしか見えません。

極端な例を挙げれば、親がそこから連れ出さない限り、学校から家までの範囲の中で起こっていることしか知らないのです。

ですので、何らかの方法で子どもの視野を広げてあげる必要があります。

この**「視野を広げる」**というのは、親が子に対してできる教育の中でもかなり重要なものの1つになります。

「視野を広げる」と言っても、それは、さまざまな方法で子どもたちの知的好奇心を刺激することもあれば、グローバルな世界に関心を持たせることもあります。

視野を広げる手立てとして、一番カンタンで有効な方法があります。

それは、**「読書習慣」**です。

文字を通して、頭の中で情景をイメージする能力は、読解力はもちろんのこと、人間関係において、相手の気持ちを推し量る能力にもつながります。

「このようなことを言ったら（やったら）、相手はどう思うだろう？　嫌がるかな？」

「こんなことをしたら、相手はきっと喜んでくれるかも」

などなど、人間関係をより良くするために必要な能力をつける訓練になるのです。

動画より文字のほうが、自らの頭の中でイメージを膨らませる能力を高めることはおわかりだと思いますが、同じ文字でも、ネットやスマホではなく、できるだけ本にしたほうが効果があると言われています。

というのも、ネットやスマホで文字を読むより、本の文字のほうが正確に認知できるからです。これは脳科学の研究でも実証されています。

ちなみに、ある編集者に聞いた話では、校正ゲラをPDFデータ上でパソコンで読むときと、実際にプリントアウトした校正ゲラを読むときでは、見つけられる誤脱字の量が違うそうです（PDFで読むほうが、誤脱字を見落としていることが多い）。

このように、読書習慣は、わが子の視野を広げ、人間関係をスムーズにする能力を着実に上げてくれる方法なのです。

また、「視野を広げる」とは、知らない世界に目を向けるということだけではなく、**どんなことに対しても、それを柔軟に受け止めて対応していく能力**を身につけることにもつながります。

将来的には、子どもたちが大人になったときに、職業選択にもかかわる力ともなります。

違いを受け入れる器に育てる

「違うもの、異質なもの、異なったもの」に対する考え方、それらを受け入れる器の大きさは、人間関係を良くする上でとても重要です。

それは、学校以上に家庭における教育が大きく影響します。

学校という世界においても、さまざまなものがあります。

国籍の違い、各家庭の経済力の差、心身の自由・不自由、性格、学力、運動能力、器用さなどなど、子ども一人ひとりに、個性があり、差があります。

その差は、1つの基準においては、勝っていたり劣っていたりするかもしれません。ただ、それは、あくまで1つの基準で見ているだけであり、別の基準で見れば、それが逆転する場合も多々あります。

人間関係において、相手を認める力、自分と違うものを受け入れる力は、とても重要になってきます。

基準が変われば、逆転することも多いからです。

1つの基準だけで、相手を判断するのは、とても危険なことなのです。

自分と違うこと（人）に対する基本的な考え方には、特に小学生の場合、親御さんの考えが大きく影響を及ぼしていると、38年の教員経験で感じているものがあります。

親としてできること。

それは、大きく次の3つです。

①わが子をお友達と比較しすぎない
②お友達のいいところを気づかせてあげる
③わが子のいいところを褒めてあげる

①に関しては、「競争心が欠けてしまうのではないか」と心配する人もいるかもしれませんが、競争心については、日常の学校生活の中でおのずと磨かれていきます。

それよりも、家庭では、人との比較をできるだけしないように心掛けておきたいものです。

②は、自分とは違う相手を受け入れるための入口を用意してあげるという狙いからです。別の基準に基づいた見方を伝えてあげることで、子どもも相手に対する考え方が変わり、違いを受け入れる器の基礎ができあがっていきます。

③は、②と同時にやっていくのが効果的です。どんな小さなことでもいいので、わが子のいいところを褒めてあげる。**褒められることで、子ども自身の自己尊重感が育つとともに、他の子に対して尊重する余裕が生まれます。**それが、違いを受け入れる器を広げていくのです。

ただ、38年間見てきて思うのですが、ひと昔、ふた昔前ならありがちだった「違うもの、異質なもの、異なったもの」を排除する傾向は、最近の子どもたちは薄れてきて、受け入れる器ができているような気がします。

「わたしはこうだけど、あなたはこうね。どちらもOK!」

そんなママ、パパの背中を見せながら、違うものを受け入れるわが子の器を大きくしてあげてくださいね。

子どもを問い質すときの魔法のフレーズ

子どもが疑問に思って使う「なぜ空は青いの?」「どうして円の面積は、半径×半径×3・14なの?」の「なぜ?」「どうして?」は、子どもの成長、学力の向上に欠かせない疑問解決の言葉です。

ところが、**親が子どもに対して使う「なぜ?」「どうして?」には、ちょっと気をつけなくてはならない**ものがあります。

たとえば、お子さんの部屋がちっとも片付いていなくて、いろいろなおもちゃや本が散乱していると、

「どうしてあなたはいつもこうなの⁉　ちゃんと片付けもしないで!」

「なぜいつもこうなのよ⁉　ちゃんと片付けろって言ってるでしょう?」

こういった「なぜ?」「どうして?」は、疑問の形はとってはいますが、「いつもいつも、片付けもしないで。少しは反省しなさいよ!」と、反省を促しているものですよね。

子どもたちは、黙っているか、「ごめんなさい」は言うかもしれませんが、何の問題解決にもならないことが多いのです。

問題解決のためには、やってしまった(やらなかった)ことを問い質し、反省を促すだけでなく、これから先のことを考える会話が必要です。

「どうしたら、こんなに散らからないで済むかなあ?」

「どうしたら、ちゃんと片付けることができるかなあ?」

これから先のことで問題を解決するための方法を問いかけられた子どもたちは、いろいろ考えます。

これは、人間関係のトラブルにも使えます。

たとえば、わが子がお友達にいたずらしてしまったり、いじめてしまったり、トラブルを起こしたときです。

「どうしたら、あの子と仲良くできるかな？」
「どうしたら、いたずらしないで済むかな？」

などなど。

このような質問によって、子どもは反省を促されるだけでなく、子ども自身がこれから先の解決法を自ら見つけようとします。

それは、**お友達関係をスムーズにするために必要な「相手の気持ちを想像する力」を養ってくれます。**

何か問い質すときには、ぜひ**「なぜ？」「どうして？」を「どうしたら？」に変換**してみてください。

今の時代、「助け船」はこないから……

核家族と言われるような、親とその子どもだけで形成されている家庭が増えてきました。祖父母が同居している3世代家族が普通だった頃は、たとえ母親が、疑問の顔をした詰問で子どもを追い詰めても、子どものしでかしたことに感情的になって怒っても、行き場のなくなった子どもたちに救いの手をさしのべる祖父母の存在がありました。

困ったときの「助け船」です。

ところが、2世代で構成されている現代型の家族の中には、子どもに助け船を出してくれる存在がいないのです。

わかってはいても、多忙な中で子育てをしていると、子どもに対して感情的な叱り方をしてしまいがちになるものです。

ただ、そこはグッとこらえて、ひと呼吸したら冷静になり、**子どもたち自身が「ど**

こがいけなかったのか」「どうすればよいのか」を気づけるようにすることが大切です。

そんなとき、いい方法があります。いい方法というより、注意したほうがいいことですね。

それは、**パパかママのどちらかが叱っているときは、一方の親は、一緒にガミガミとはやらない**ことです。

二人同時にやられると、子どもは立つ瀬がありません。いざとなったら逃げ込める場所を確保しつつ、逃げ込んできたら、そこで子どもの間違いに気づくように穏やかに諭していくようにするのです。

子どもの話の「聞き方」のポイント

あるテレビ番組を見ていたとき、小学校高学年の女の子がインタビューされており、いろいろ答えていた姿が目に留まりました。

その中に、**「お母さんに話を聞いてもらえて、うれしかった」**という答えがありました。

学校生活の中では、楽しかったりうれしかったりしたことばかりでなく、友達関係のことなど、嫌だったこと、つらかったことなども経験することがあります。

友達とケンカをしてしまったときなど、心に不満や怒りが溜まっていることもあり、ケンカの理由を聞いても、自分に都合のいいことばかり話そうとします。

でも、それは、人間心理として、当たり前のことでもあるのです。

そんなときは、お子さんの話を、**まずは共感的に「うん、うん、嫌だったねえ」「それは、つらかったねえ」と、受け止めながら聞いてあげてください。**

「今日ね、A子ちゃんと、ケンカしちゃった」

「ケンカしちゃったの？　それはたいへんだったねえ。何があったのかなあ？」

「だってA子ちゃんさあ、昼休みに私と一緒に遊ぶ約束したのに、B子ちゃんとばっかり遊んでいるし、帰りも『一緒に帰ろう』って言ってたのに、B子ちゃんと帰るってさ」

「そうだったの。それは嫌だったよね。お母さんも経験あるけど」

親御さんに共感しながら聞いてもらって、心の中に溜まっていたモヤモヤをすっきり吐き出してしまうと、**自分のことも振り返ることができる**ようになります。それは、子どもに限らず、大人も同じです。

「自分にもいけないところがあったかも」と思い当たるようになるのです。

すっきりして、つらい状態が緩和されたら、「A子ちゃんは、どう思ってるんだろうねえ？」と聞けば、「実は、私も……」と、自分の非も認められるようになり、「やっぱり仲直りしたいな」という気持ちになるケースが多いのです。

まずは共感的に。

これは、わが子が学校で人間関係をはじめ何かトラブルに遭ったとき、子どもたちが重い口を開いてくれる魔法のようなツールです。

この共感的に聞いてあげることが習慣化すると、子どもの心理には、**「何か困ったことがあったとき、ママ（パパ）に話せば、聞いてくれる」という安心感が生まれます。**

それは、子どもが学校でいじめに遭ったり、いじめる側になってしまったとき、親に隠すことを防ぐことにもつながります。

その**安心感がないと、親の前でサインを見せなくなります。**

共感的に聴いてあげることは、わが子の「いじめのサイン」をキャッチする上でもとても役立ちます。ぜひ実践してみてください。

「こしょく」に気をつける

「孤食」「小食」「粉食」「濃食」「個食」「子食」「固食」……。

これは、多忙な現代を反映している食事内容と食事形態です。

養護教諭によれば、これらには注意が必要だということです。

「孤食」とは、一人で食べること。

「小食」とは、食事の量が少ないこと。

「粉食」とは、パンや麺などばかり食べること（柔らかいものばかり食べていると、噛む力が弱くなってしまう）。

「濃食」とは、濃い味付けのものばかり食べること（塩分の過剰摂取や、味覚障害につながる）。

「個食」とは、それぞれが別々のものを食べること。

「子食」とは、子どもたちだけで食べること。

「固食」とは、固定食、同じものばかり食べること。

お子さんの食事が、どれかに当てはまっていませんか？

できれば、「こしょく」は避けたいものです。

食事は、体と心のエネルギー源です。食卓は、親子のコミュニケーションの場であり、マナーなどを教える場でもあります。

その日に学校であったこと、子どもの悩みなどを聞き出す一番の機会が食事です。

ビジネスの世界でも、食事は人間関係を円滑に築く一番の近道であり、重要なことです。それは、親子関係でも同じ。

人間は、食事をしているときに、親近感と本音が出てきます。仕事で平日は無理だとしても、せめて休日だけでも、できるだけわが子と一緒に食事をする機会をつくってください。

いじめを跳ね返すために必要な力

最近は、公園などで子ども同士が派手にケンカをしている姿をほとんど見かけなくなりました。

一見、いいように思えるのですが、ちょっと気になることがあります。

それは、最近の子どもは、お友達の言葉にカチンときたり、あまりうれしくない言葉に遭遇したりしても、「我慢してしまう」傾向が強くなってきているということです。

低学年の子どもたちは、「センセー、○○君が、私のことを○○って言いましたー」と、ワイワイやっていることもありますが、最近は少なくなってきています。

これは、子どもたちが密かにストレスを抱える原因にもつながります。

ただじっと我慢したり、逆にものすごく辛辣に反撃したりではなく、**「私は、不愉快だ」ということを表明する力**も必要です。

もし、そこから言い争いになったとしても、行きつくところは「仲直り」です。お互いに思っていることを表明し合うことで、初めて「仲直り」ができるのです。

このような**「自分の気持ちの表明力」**は、いじめを跳ね返す力ともなります。

お友達と言い合いになって、悲しかったり、悔しかったりする気持ちを経験すると、そこから復活することのできる**「仲直り力」**がついてきます。

そして、やがてお互いが「親友」という関係まで進化することも期待できます。

親子ゲンカの上手なやり方

さて、子どもたちが大きくなるにつれて、親子ゲンカ（特にママとのケンカ）が増えてくるのは、どの家庭でも同じです。

先ほどお伝えした**「自分の気持ちの表明力」は、親子ゲンカでも育てることができます。**

子どもたちの「売り言葉」にも、いろいろなバリエーションが出てきます。時には、本気で「ムカッ」とすることもあるかもしれませんが、「子どものくせに！」は置いておいて、そのやりとりを楽しむぐらいの余裕を持って相手にしてみてください。

「相手を傷つけずに主張するやり方」

「折り合いのつけ方」

などの練習の場を提供するつもりでもいいでしょう。

そんな親子のやりとりが、あまり耐性のない子ども同士のケンカにも生きてくればいいですね。

いじめを跳ね返し、お友達になりたいと思われる子に変わる力をサポートしてくれます。

「ママなんか、大っ嫌いだー」

に返す言葉は、

「ママは、あなたのこと、大好きよ!!」

これですべてＯＫです。

「あなたのことが大好きなのよ」の伝え方

「子どもの成長のためには、親の十分な愛情が欠かせない」ということは、皆さん当然のこととして受け止めていらっしゃるはずで、「何を今さら？」と思われたでしょう。

ところが、最近のママたちの中には、「自分の子どもを愛せない」とおっしゃる方が少なからずいらっしゃいます。このようなママたちは、自分自身もまた、子ども時代に親から愛情を与えられていない場合が多いようです。

では、子どもは、親から十分な愛情を与えられることによって、どう成長していくのでしょう？

まず、**「自分はこんなに愛されているのだから、ママやパパにとって、大切な存在に違いない」と実感する**ことができます。

たとえば、こんなことがありました。

駅の待合室で、1年生ぐらいの女の子とまだ3歳ぐらいの男の子が、母親と一緒に椅子に座っていました。母親が男の子の世話をしているうちに、女の子は、持っていた小さな乳酸菌飲料のふたを開けようとして、中身を椅子にこぼしてしまいました。困った女の子は、椅子にこぼれた飲み物を拭こうとしましたが、上手にはできませんでした。

「まったく、あなたときたら、いつもこうなんだから。ああ、もうなんて拭き方なの。それじゃダメじゃない！」

と言いながら、母親は手を貸していました。でも、

「あらあら、こぼれちゃったのね。おお、自分で拭けたんだ。後始末できたんだねえ。お母さんも、ちょっと手伝ってあげようかな」

と言われたとしたらどうでしょう。

子どもがやった結果は同じでも、親から「ダメ」と言われてしまった子どもの心の

中とは違ってくるのではないでしょうか。

「あなたのことが大好きなのよ」ということを、いろいろな形で示されてこそ、自己肯定感（自分の存在価値）を感じ、豊かな人間として成長していくものです。

そのように成長している子どもは、自己肯定感を感じながらお友達になりたい魅力ある子どもに成長していきます。

子どもにどのように、「あなたのことが大好きなのよ」を伝えるか？

その伝え方次第で、子どもは大きく変わってきます。

親として知っておきたい「9歳の壁」

皆さんは、「9歳の壁」という言葉をご存じですか？

9歳（10歳）頃に、「勉強についていけない」と言う子どもが増える傾向にあるのですが、これはいったいどうしてなのでしょう？

ちょうどこの時期は、小学校の3、4年生にあたります。勉強内容としては分数や余りのある割り算、文章問題などが出てきます。目で見たらすぐわかる内容から抽象的な内容に変わってくるのです。今までのように、丸暗記したり、お手本をなぞったりといった、反射的に反応できるようなものから質的に変化してくるのです。

つまり、**「思考力」**が求められるようになるのです。目の前にないものも、頭の中でイメージできなければなりません。

この「9歳の壁」という言葉の命名は、東京教育大学付属聾学校校長だった萩原浅五郎氏と言われます。萩原氏は、知的障害がなくても聴覚にハンデがあると、小学3、4年の学習の理解に困難をきたすことがあると言うのです。耳から入る情報量のハンデが、抽象的思考力の獲得のつまずきになってしまうことがあると指摘しています。

「ことばの力」が弱いというわけです。

ことばの力をしっかりと身につけることは、物事を抽象的に考えることになり、そ

れは、学力に直結すると考えられています。

低学年と異なる思考能力が必要になってきて、「実際の物事を抽象化する」「抽象化されたものを具体化する」ことのできる、できないに個人差が現れてくるのも、ちょうど9歳頃ということなのです。

9歳から10歳を境に、単純思考から抽象思考へと移行していくわけですが、漢字の習得などは、単純記憶。9歳より若いうちのほうが覚えやすいということも言えるかもしれません。

今、なぜこの話をしたかというと、目の前にないものを頭の中でイメージする思考力というのは、算数や国語などの学問だけにとどまらず、**「このような言動に対して、相手はどう感じるか」といったことにまで影響が及ぶ**からです。

人の気持ちを推し量ることができるか否かに大きくかかわってくるのです。

そして、ことばの力をしっかりと身につけることは、先ほどお伝えした「自分の気持ちの表明力」の向上にもつながります。

教科書で勉強するよりも効果的な人間関係指導法

「人を思いやる心」を育てたり、「人の心の痛みがわかる子」に育てたりするための、とても効果的で、しかも簡単にトライすることができる方法をお話ししましょう。

仙台に、修学旅行の引率をしたときのことです。

子どもたちが、5～6人の班に分かれて、班別のグループ活動に移り、引率者は手分けして、つかず離れずさりげなく、それぞれの方面についていくという日程に移りました。

地下鉄で移動のチームについていき、子どもたちの乗った車両の隣の車両から様子を見ていると、途中の駅で、3歳ぐらいの孫らしき子を連れたおばあさんが乗ってきました。

始発の駅から乗った子どもたちは座っていますが、空いている席は見当たりません。

さて、彼らは、どうするのでしょうか？

二人ぐらいずつ離れて座っていたのですが、そのうちの一番おばあさんに近い席に座っていた男の子二人が、何かもぞもぞ話をしていました。

すると、そのときです。

おばあさんに声をかけたと思ったら、すっと立ち上がりました。そして、おばあさんたちに席を譲ると、仲間の女の子たちの席のところに行きました。

のちほど、「見てたよ、お年寄りに席を譲ってあげたの。よくできたね」と言うと、「うん。でも、ぼくたち、もし一人ずつ座っていたら、なんか恥ずかしくてできなかったかも」とのこと。いいんです、いいんです。できたんだから。

1回やったら、あとは簡単にできます。

もし、**電車でわが子と一緒に座っているとき、お年寄りが目の前に立ったら、「席を譲ろうね、二人で」と、子どもにそっと声をかけ、立ってください。**

親だけでも、子どもだけでもないところがミソです。

また、子どもと一緒のとき、目の前にゴミを見つけたら、「困った人もいるねえ。ゴミはゴミ箱に捨てるんだよね」と言って、近くのゴミ箱に入れる。

道を歩いていて、100円玉が落ちているのを見つけたら、一緒に交番に届ける。

こういう親の姿を見て育った子は、コンビニの前で、食べたものの袋やカップを食べ散らかしたりしないし、ゴミのポイ捨てもしないはずです。それどころか、いじめをしたりもしないでしょう。

公共心を培うには、親が人のために何かをしている姿を見せるのが、一番の近道なのです。

そして、そこには、「こんなになっていたら嫌だろうな」「こんなふうにされたら、うれしいだろうな。助かるだろうな」と人の心をおもんぱかる気持ちが反映されるわけです。

子どもは、親が「やっている」とおりになる

人が、物事を学ぶ方法の1つに「まねをする」というものがあります。

ご承知のとおり、赤ちゃんが言葉を話せるようになるのは、まわりにいる人のまねをするからです。誰かが赤ちゃんに話しかけなければ、赤ちゃんは話し始めません。

子どもの言葉遣いは、そのほとんどを親から学ぶといってもよく、たとえば親が子どもに対して丁寧な言葉を使うと、子どもはそれを学習していきます。

親であっても、子どもに何かを頼むとき、「～お願いします」と言えば、子どももそのように話し、「～ください」と言えば、子どももそのように言います。

マナーについても、同様のことが言えます。あれこれうるさく言わなくても、親がモデルになって、子どもにやってほしいことをすればいいのです。

挨拶も同様です。ご近所のおばあちゃんに、「おはようございます」とにっこりはっきり挨拶をしていれば、子どもはそれを見て、やがてそうするようになるでしょう。

靴をそろえることも、外から帰ったら手を洗いうがいをすることも、まずは親がして、あとは声かけをすれば、子どもは自然に学んでいきます。

きちんとさせようさせようとすると、子どもは反発するものです。

子どもは、**親が「こうしろ」という子どもにはならずに、親が「やっている」とおりの子どもになっていく**ものなのです。

親の話しかけの影響力

生まれて間もない頃から、まだ目はよく見えない時期でも、聴覚は脳を刺激していると言われます。

母親がいろいろなことを赤ちゃんに話しかけると、それはちゃんと脳に伝わっていきます。やがて目が見えるようになると、視覚が聴覚にもまして働き始めます。

さて、そのような時期に、外に出て、自然の中でその移ろいなどをお子さんに話しかけていくと、**語彙《ごい》の習得のみでなく、理科的な力や算数的な力の基礎となる能力も発達させることが可能**なようです。

たとえば、こんな感じです。

公園でひなたぼっこをしながら、「風が暖かくなってきたねえ。あ、ツクシがあるよ。黄色いタンポポも咲いてるねえ。もう春になったんだね」

「今日は、暑いね。お日様がにこにこしているよ。セミがジージー鳴いているね。あ、入道雲だ。夏だね」

「この頃、クーラーをつけなくても涼しくなってきたね。石の下にコオロギがいるね。さっきの鳴き声はコオロギだよ。3匹もいた！　今日のお月様はまあるいね。十五夜だね。もうすっかり秋だね。落ち葉が風でカサカサ言うよ」

「寒くなったね。この頃虫さん鳴かなくなったね。はあっーてやると、息が白いよ。あ、雪が降ってきた。冬は一年中で一番寒いんだね」

こんな語りかけの中から、**子どもたちは自分自身の五感を通して、言葉のみでなく、さまざまなものを習得**していきます。

いかがでしょう?

親御さんがこういった対応をしながら育てられたお子さんは、言葉の学習のみならず、情緒面も豊かに育ち、やがてお友達になりたいような心優しい子どもに成長していくのも想像に難くないと思います。

「勉強する」も「本を読む」も「〇〇」で教えられる

多くの親御さんと話をしていると、「勉強しろと言ったことがない」と言う人もいます。そういうご家庭に限って、お子さんはよく勉強したり、本を読んだりしていることが多いようです。

「あらまあ、うらやましい。よくできたお子さんなのね。うちの子なんか、何度言っても、勉強しないし……」

果たして、「よくできたお子さん」は、DNAの問題なのでしょうか？

確かに、知能などは、生まれつき持っているものが違いますので、学習したことをより覚えやすい子もいることは否めません。

でも、そういったお子さんが、「何も言われなくてもよく勉強」し、「玄関ではきちんと靴をそろえ」、「何かやってもらったことに対しては、『ありがとうございます』とお礼を言い」、「たくさんの本を進んで読む」子とは限らないのです。

金銭的にとても豊かなご家庭のお子さんで、立派な勉強部屋があり、塾にも通わせ、繰り返し「勉強しなさい」と言っているのに、一向に自分からやろうとしないという例もあります。

では、何が違うのでしょうか？

それは、**「背中」**です。「口」でも「顔」でも教えられないことが、親御さんの「背中」で教えられる、ということなのです。

子どもは、親の言うことは聞かなくても、親がやっていることはまねをします。

いくらお金持ちで、いろいろなものを与え、「勉強しろ」と繰り返しても、自分たち自身が、ゴルフにお酒にテレビに、お付き合いの世界にいたら、親がいくら願っても、怒っても、残念ながら、子どもは思うようになりません。

小学生時代は、学習習慣が身につきやすい時期でもありますので、親の読書している姿、がんばって努力している姿をしっかり見せておくことです。

なぜ語彙・読解力が「生きる力」をつくるのか？

Eテレの子ども向け番組「にほんごであそぼ」という番組をご存じの方も多いと思います。この番組の総合指導をされているのが、明治大学の齋藤孝先生です。齋藤先生は、教育学、コミュニケーション論が専門で、『声に出して読みたい日本語』などの著書でもよく知られていますよね。

かつて、朝日新聞に、「ことば　学力アップの源——日本語ブームの生みの親　齋藤孝さんに聞く」という記事が載っていたことがあります。

「語彙・読解力検定」に関連してのインタビューでしたが、**言葉の基本を学ぶ小学校での国語の学習**にもつながっているお話で、小見出しに、「生きる力そのもの」「相互理解に不可欠」とありました。

「生きる力」とは、今の学習指導要領の基本になっている大事な力です。

少し専門的になりますが、どの教科も「生きる力」の育成を目指して教育が進められているので、その理念というものをご紹介します。

【生きる力】

「変化の激しい社会を担う子どもたちに必要な力は、基礎・基本を確実に身に付け、いかに社会が変化しようと、自ら課題を見つけ、自ら学び、自ら考え、主体的に判断し、行動し、よりよく問題を解決する資質や能力、自らを律しつつ、他人とともに協調し、他人を思いやる心や感動する心などの豊かな人間性、たくましく生きるための健康や体力などの『生きる力』である」（平成20年中央教育審議会答申）

「他人を思いやる心や感動する心などの豊かな人間性」は、学校でのお友達関係はもちろん、大人になっても求められます。

さて、齋藤先生は、読解力について、先ほどのインタビュー記事の中で次のように答えています。

「読解力は文章の一番に言いたいことをつかまえる力です。そのためには、前後のつながりを理解することが必要」

これは、人間関係にも当てはまりますよね。**相手の「一番に言いたいことをつかまえる」**という意味で。

つまり、**読解力は、社会で生きていく力そのもの**なのです。

読解力がなければ、コミュニケーションに行き違いが生まれ、相互理解がうまくいかなくなってしまう――。

小学校の国語の授業の大きな柱の1つが、「読解力」の養成です。

この力を伸ばすために、ママ、パパができる支援があります。

漢方薬のように、心の成長に効く習慣

「じわりじわりと効いてきますから。ええ、漢方薬のように」

昔から、「国語の学力を上げるためには、本を読むのがいい」と言われてきたのは、

皆さんもご存じのとおりです。

読書によって日本語の能力を上げることで、教科書の理解も深まり、国語のみならず、すべての教科の学力向上につながっていきます。読書量は、知能指数とも正比例し、読めば読むほど上がっていくという調査結果も出ているようです。

「子どもが読書をしない」という悩みをお持ちの親御さんもいるようですが、ここ数年の小中学生の読書量は、統計的に見ると、意外なことに増えています。

文科省が学校図書館図書整備費を増やしたため、子どもたちの読書環境がより改善されていることが、影響しているのではないかと考えられます。

子どもたちは、確かに、図書室が好きです。図書室に行くと、興味のある本に手を伸ばし、読んでいる（見ている）。活字中心の本だけでなく、絵本も、図鑑も、学習マンガも……と、子どもたちの興味の対象はさまざまです。

子どもたちが、より多くの本を読むようになるには、読書が習慣となるような、小さい頃から**「本と慣れ親しむ」環境づくり**が必要になってきます。

主な方法は、大きく言って4つあります。

①読み聞かせ

1つ目は、皆さんご存じの「読み聞かせ」です。

幼い頃に感じた「本は楽しい」という感覚は、ずーっと維持されていくものです。それは大人になっても同じです。何度も読んでほしがる「お気に入り」の本があることが多く、これはすごい反復学習です。そのうち、セリフなども全部覚えてしまい、言い回しなども習得できます。

②子どもの目につくところに、興味を惹きそうな本を置く

2つ目は、おもしろそうな本、子どもの興味を惹きそうな本を、家の中のあちこちにさりげなく置いておくことです。

子どもの手の届くところに、ちょっとした本立てなどをつくっておいたり、棚のところに本の置き場所を確保しておいたり。そうすると、子どもがいつでも本を手に取ることができるようになります。

発達段階に応じた性教育の本などもさりげなく置いておく、といった使い方もあります。

③テレビなどがついていない静かな時間、空間をつくる

3つ目は、20～30分でいいので、テレビなどがついていない静かな時間、空間をつくってあげることです。

読み始めから集中するまでは特に静かな空間が必要です。

できれば、ママ、パパも一緒に本を読み、親御さんが読書している姿を見せてあげるとより効果的です。

④興味を持った本は、できるだけ買ってあげる

子どもさんを本屋に連れて行って、「この本は、この子の愛読書になるかもしれない」と思われる本は、ぜひ買ってあげてほしいのです。

あとは、図書館を有効利用する手もあります。たくさん読ませたい気持ちはあっても、そうそう購入ばかりもできないものです。そうなると、活用したいのは図書館ですね。

日常的に本が身近にある生活環境をつくり、読書を生活習慣化して、学力向上の基礎体力をつけていきましょう。

そう、じわじわと、漢方薬のように。

心の成長にも、相手を思いやる力にも効いてきますから。

また、齋藤先生は、語彙力について、次のようにコメントしています。

「人間は語彙が少ないと、自分の気持ちを的確に表現できない。その結果、感情をう

まくコントロールできず、ストレスがたまってしまいます」

この点は、私も学校現場で常々感じていたことです。

そして、先生が重視するのは、「書き言葉」の習得です。

「辞書に載っている言葉をたくさん仕入れないと、話し言葉だけでは読解力の向上に限界がある。本を読んで新たな言葉を習得したら、それを使ってしゃべってみることでも語彙は増えます」

読書は、読解力、語彙力を身につける上で最高のものであり、それは、コミュニケーション力、人間関係力を強化してくれるのです。

読書習慣を持っている子の底力

「こんな本が欲しい」と思ったら、たとえそれが洋書であっても、パソコンのスイッチを入れさえすれば、インターネットですぐに手に入れることができる時代です。

さらに、ポケットから手帳サイズの端末を取り出し、画面を人差し指でそっと触れれば、まるでページをめくるように「読書」することも可能です。

そのような時代にあっても、成長期の子どもたちに及ぼす「紙本」の力は非常に大きく、脳科学の研究でも実証されており、本への投資は何倍にもなって返ってきます。

できれば、丸善やジュンク堂、紀伊國屋といった大型書店に連れて行って、好きな本を選ぶ体験をさせることをおすすめします。

勉強の本質は、読書です。

人間関係の基礎をつくり、心の成長を促すのも、読書です。

子どもを本好きにすることは、ものすごく大切なことです。

子どもは、自分が興味を持っているものだと、結構難解な本も読んでしまいます。

そんなときに国語の力が伸びるので、本の購入は、お金の生きた使い道です。

情緒もイメージ力も育てるおすすめ本のジャンル

「生きる力」の理念の中で、子どもたちに必要な力として、「他人を思いやる心や感動する心などの豊かな人間性」というものがあることは先ほどお伝えしましたが、本を読むことは、この力をつけるためにも、大きく力を発揮します。

「イメージ力」は、学習のさまざまなところで活用できる能力です。

たとえば、何かを暗記するときも、闇雲に頭に入れようとするよりも、何かをイメージしながら、記憶と結びつけるほうが容易です。何かを予測したり、論理的に考えたりするときも、想像する力、つまり、イメージ力が高いほうが容易にできます。

本を読む行為は、書いてある内容を自由に頭の中で思い浮かべながら、進行していくものです。

「ああ、赤ずきんは、このままでは、おばあさんに変装した口の大きなこのオオカミに食べられてしまう！」というように、その場面が思い浮かぶわけですね。

多くの本に触れていると、このイメージ力が高くなってきます。

まだ字面を追っていくのが精一杯の拾い読みの段階では、これがうまくできないので、読み聞かせや絵本の力が必要になってくるわけです。

また、中でも**文学系の本は、そのイメージ力の育成に効力を発揮**します。

物語に多く触れることと情緒面の発達は、深く関係します。

数多くの物語を読んでいると、多くの登場人物が経験したことを疑似体験することになります。

たとえば、世界文学全集によく採り上げられている『小公女』。

「セーラは、なんてかわいそうなんだ、こんな目に遭うなんて。それでも、本当に優しい子だ。最後には幸せになれて、よかったよかった」

セーラのつらく悲しい体験を、身につまされながら読み進め、

「こんなことをすると、人は悲しくつらい気持ちになるんだな」

と追体験して、人を思いやる気持ちなどが育っていくのです。

俳優という仕事のおもしろさは、「いろいろな人生を疑似体験できること」と言っていた人がいましたが、物語の読書もしかり。**実際には体験できないようなものを疑似的に体験することで学べる**ことがたくさんあります。

読書は、知的な面だけでなく、このように情緒面やイメージ力を伸ばしていくのにも大いに有効なのです。

なぜ学校教育と家庭教育の両輪が必要なのか？

子どもの教育は、学校だけではできません。学校教育と家庭教育が両輪をなして、初めて成立するものです。それは、学校側がラクをしたいから、責任を取りたくないから、という理由からではありません。

それは、**お子さんとの関係性がそれぞれ違う**からです。

教師とお子さんの関係は、当然ですが、血がつながっていない関係です。お子さんにとって、一般社会でのお手本となります。

親御さんは、お子さんにとって、血がつながっている一番身近な存在であり、大人の見本でもあります。

親の見せる姿が、お子さんの将来を形作っていく――。

学校と家庭の両輪で、「人を思いやる心」「人の心の痛みがわかる子」を育んでいきたいですね。

第3章

こんなとき、どうすればいいの？

子どもが学校で見せる顔と家で見せる顔が違う

「学校ではひと言もしゃべらないなんて、ウソでしょ!?」

朝、「行って来まーす！」と元気に家を出て、低学年でも約6時間、高学年になると8時間近くも過ごす学校で、子どもたちはどんな顔を持っているのか？

親としては、とても気になるところでしょう。

勉強して、友達と遊んで、給食を食べて、委員会などにも出席して……。

はい、それはそうなんですが、実は、校門をくぐると、親も知らない不思議ちゃんに変身してしまう子もいるのです。

たとえばまれなケースですが、「場面緘黙《ばめんかんもく》」と言われる症状のお子さんがいます。家では普通に話しているのに、学校に来るとひと言もしゃべらない。小さい頃からの仲間は、「この子はそういうものだ」と理解しているので、それなりに付き合っている。**親はその事実を知らない。人から聞いても信じられない**……。

家庭訪問などで「○○ちゃんは、学校では、あまり（……ホントはまったくなんだけど）お話ししないんですが、お家ではいかがですか？」と言われ、「えーっ、そうなんですかあ。うちの○○が？　家では普通にしゃべってますよ」

私もそういうお子さんをこれまで二人ほど担任しました。

そのうちの双子の女の子のケースをご紹介します。

何が何でも口をきかない。音楽の時間でも、口は動かしているけれど、ほとんど声は出ていない。

あるとき、仲良しの友達に、「ねえ、○○ちゃんと、どうやってわかり合ってるの？」と聞いてみたことがあります。

「あのね、あの子、ウチではしゃべるから、遊びに行ったときは普通に遊んでるんだよね。あ、それから、電話でもしゃべるよ」

不思議なことですよね。彼女は6年生でしたので、卒業式には、昔の「送辞」「答辞」に当たる「呼びかけ」があるのですが、個人で最低でも何かひと言話さなければなりません。

困りました。口はぱくぱくするのに、声は出ていないんですね。本人にも話をして、彼女の番のとき一緒に話してくれる子をお助けマンの影武者として付けました。

これは、そうそうある例ではないのですが、そこまで「特別」ではなくても、学校では、**家では見せない別の顔を持っている子もそれなりにいます。**いえ、それなり、なんてものではなく、**かなりいる**のです。

それは、どのような顔なのでしょう。

子ども、親の心をおもんぱかる

たかが子どもと侮ってはいけません。

小学生のとき、人間関係で（学校ばかりでなく、家族の中でも、人が複数集まれば人間関係は生じます）つらい思いをしても、それを心の深いところにしまい込むことはよくあります。「これは親には伝えまい」と心に決め、結婚するときまでずっと封印していた人さえいます。

お嫁に行くとき、「ママには黙っていたけど、実はあの頃……」と話を聞いて、「そうだったんだ。気づいてやれなかった」と、今さらながら娘の心の中を思い、申し訳ない思いをしたとお話ししてくださった親御さんがいますので。

小学生は6学年あるので、1年生の心のありようと6年生のそれとでは大きく異なるのはおわかりでしょう。

前の章で「9歳の壁」については詳しくお伝えしましたが、この頃、つまり、3年生から4年生になる頃には、具体的なことしか思い描けなかったのが、抽象的な概念まで思い描くことができるようになってきます。

そうなると、それまで、泣いたり叫んだりとダイレクトに表に出していた「嫌だ」「困った」「嫌いだ」「悲しい」「つらい」といった**負の感情を封じ込めることも起こってくる**のです。

「親がこんなことを知ったら、悲しむのではないか」

「自分がこんなことになっているのは、親に知って欲しくない。自分は成績もいいし、親もそのことで自分を高く評価してくれているのに、まさかこのようなことで心を痛めているなんて知られたくない」

「どうせ親に言っても、『そんなのに負けるな!』って、いろいろ言われるだけだけど、自分には親の言うようなことはできないし、言えない」

こうしたことは、何も現代流の「一対多数」のいじめについての事例ばかりではないのです。

まず、親としては、**「子どもは、親の心をおもんぱかろうとする」ということを知っておく**必要があります。

「仲良し三人組」のトラブル

芸能界で、誰かを売り出すのに、「三人娘」とか、「○○三人組」とか、「○○トリオ」などと、三人をセットにすることがよくありますね。パパたちはそう多くはないかもしれませんが、ママたちの中には、「ああ誰々ちゃんと誰々ちゃん三人、仲良しだった」という思い出がある方も多いのではないでしょうか？

中には、その「仲良しだった」思い出の続きに、「でも、あのとき、あの二人だけが仲良しになった時期があって、悲しい思いもした」といった記憶につながっていく人も少なからずいるかもしれません。

ことほどさように、「三」という数字には魅力と魔力が潜んでいるので、もしお子さんが「仲良し三人組」のメンバーだったら、少し気を配っておいてあげると、永遠の仲良しにもなれると思います。

本当に些細なこと、たとえばこんなことで、しばらくの間つらい思いをしていた女の子がいました。

Yちゃんが4年生のときのことです。

彼女は成績も優秀で、皆から一目置かれるような存在でした。

3年生になったとき、クラス替えで一緒になったKちゃんとSちゃんとは特に仲良しで、ママ同士も仲良くなり、親子でお付き合いしていました。運動会のときなどの学校行事でも、3つの家族が一緒にお昼を食べたり、自分の子どもだけでなく、それぞれのお子さんを応援するようなスムーズな関係に見えていました。

4年生になり、春の運動会も終わった頃、Yちゃんのママは、なんとなく娘の様子が暗いことに気がつきました。

大事なのは、日頃から、**自分の子どもをどのくらい「感じることができているか」**です。

神経質になる必要はないのですが、違和感のようなものになるべく早く気づいてあげられると、心の傷も重症になる前に癒してあげることができます。

無理やり聞き出す前に、やったほうがいいこと

では、次の段階はどうしたらいいんでしょう。

多くのママは、ドキッとすると、心配で心配で心の中でオロオロ。次々と質問しながら、なんとか聞き出そうとします。

しかし、**その対応は、心の傷をよりこじらせる可能性**があります。

まずは、呼吸を整えながら心を落ち着けて、これまで別の章でもお伝えしましたが、**「共感」という軸を頭に置きながら対応**していきます。

「ママはあなたの親だから、心の周波数が同じなのね。あなたの心が泣いているときは、ママの心も悲しくなるからすぐわかる。○○ちゃんもつらかったねぇ」

お嫁に行くまで自分の気持ちを封印するようなところのある子どもでも、つらい気持ちに気づいて共感的に声をかければ、口を開いてくれることがぐんと多くなるものです。

先ほどのYちゃんが重い口を開き、ママに伝えたことは、次のようなものでした。

仲良しさんたちからいきなり「あなたとは絶交！」と言い渡され、遊んでも、付き合ってもらえず、自分としては原因がわからないのでどうしていいかわからず、つらく悲しく、もどかしい毎日を過ごしていた……。

ここでまた、「えっ、そんなことがあったの⁉　さてどうしよう？」となるのが、普通ですね。

たまたまYちゃんの場合は、お母さん同士も仲良くお付き合いがあったことと、Kちゃんのお母さんが学校の先生だったこともあり、Yちゃんのママは、冷静に娘のことを伝え、Kちゃんのママのプロとしての力も借りて誤解が解け、また元の仲良しさんに戻ることができました。

こじれた原因は、本当に小さな出来事でした。

いつも一緒に下校する三人。横に並んでおしゃべりをしながら帰っていたのですが、横に三人並んで歩くのはまずいと考えたYちゃんが一歩前を歩くようになりました。

「三人対等の関係だったはずなのに、なんで彼女が一人だけ先に行ってリードするの？　自分がリーダーだと思っているのかなあ。そうね。だって、Yちゃんは頭いいし、そうしたいんじゃないの？」

こんな、ちょっとした誤解が生んだトラブルでした。

学校に相談するときのポイント

では、母親同士がそれほど親しくない場合はどうすればいいのでしょう？

別に怒鳴り込んではいないとしても、いきなり訪ねて行って話したのでは、相手のお母さんは「はあ？」という感じかもしれません。

ここは、やはり**学校に入ってもらうのがベター**です。

でも、大ごとになったり、よけいこじれたりしたら困るし……。

日頃から先生とスムーズな人間関係ができているとラクですが、そうでないとしても、それぞれのお家のこともお子さんのことも見ている先生ですので、力を借りましょう。

いや、それでも、うちの担任の先生はまだ若くてちょっと頼りない。教科を教えてもらうのはいいんだけど……と思ってしまうお母さん。

次のような形で、ひと言お願いしてみてください。

「もしよろしければ、学年主任の先生か、生徒指導の先生にもお話を聞いていただけるとありがたいのですが……」

このように言われたら、学校側もそれなりに対応するはずです。仮に担任の先生が一人で対応することになっても、こちらの意向については、学年主任や学校のほうに伝わると思います。

家で見せる顔が一番リラックスできている状態に

さて、ここまで少し重めのお話をお伝えしましたので、逆の場合をお話しします。

年に一度ぐらい、学校では日曜日の授業参観を行なうことがあります。日曜日というとでパパの参加も多く、教師としては、いつもはお目にかかれないパパの顔を拝見できる貴重な機会でもあります。

授業が終わってから、担当しているPTAの専門委員会の委員になっている、6年生のAさんのパパとお会いしたときのことです。

Aさんのパパは、「いやあ、今日はうちの娘の、家ではあまり見られない顔を見てきました。学級会の司会をしていたんですがね。あんなにしっかりしていたかなあ？うちでは、のーんびりゴロッとしている感じなんですけどねえ」と言います。

「学校ではしっかり者だけど、家では結構のんびりダラーッとしている」

多かれ少なかれ、みんなそういった面は持っています。それが当たり前かなと思います。大人である皆さんも、**家ではのんびりリラックスできるから、外でがんばれる**んですよね。子どももそれと一緒です。

ただ、逆の場合は、ちょっと心配です。**親の前で緊張しているような状況にあると、その反動が外で出る**ことがあります。

子どもにとって家が一番リラックスできるという環境をつくってあげることが、親としてできることですよね。

「学校に行きたくない」と言ったら

理由が言えれば、まだ大丈夫

小学校の場合、1年生と6年生では発達に大きな差があるので、低学年、中学年、高学年と分けてとらえています。

「学校に行きたくない」などと子どもが言い出すと、「もしや……」と心配するママもいますが、「眠い」「宿題サボった」「給食に嫌いなものが出る」など、「おやおや」と思うような理由が多く見られます。

また、低学年〜中学年は、いじめの要素があることに巻き込まれると、「○○ちゃんにいじめられたあ！」と、母親に素直に訴えてきますが、**思春期に入りかける高学年になると、何も言わなくなることが多いので、大人のほうがそのサインに気づいてやれるかどうかが大事**になってきます。

この本は、小学生のママ（パパ）にお読みいただくことを前提に書いていますが、高学年のお子さんをお持ちの親御さんが参考になるように、中学校に進学後の思春期真っ只中のお子さんについても少しだけお話しします。

いじめに巻き込まれている場合には、親がそのいじめを把握することが何よりも大事になってくるのですが、多くの子ども、特に中学進学後の子どもが「親には言えない」と考える特徴があります。

ただ、これには性差があって、**女の子の7割近くが母親に打ち明けているのに対し、男の子は2割程度しか話さない**と言われています。

これにはいろいろな心理的要素も絡んでくるのですが、命にかかわるような深い問題にまで進んでしまうのは、男の子のほうなのです。

ですので、小学生のうちに、しっかりと親の背中を見せながら、**不当な差別やいじめを排除する人権意識を身につけさせておく**ことが大事になってきます。

親に話しやすい環境をつくる「人権意識」のつけ方

「人権意識を身につける」というと、とても難しそうに聞こえるかもしれませんが、そんなことはありません。

たとえば、子どもと一緒に見ていたテレビのワイドショーやニュースなどで、いじめや人種差別、ホームレス問題、貧困問題などが取り上げられたとき、**親としてどのような見解を示すか**、です。

もちろん、政治的や宗教的などの見解は、個人それぞれの見解があっていいのですが、人に対して分け隔てなく、**人を差別や偏見を持たずに、自らの見解を子どもに聞かせてあげる**のです。

また、街中で道に迷っている外国人を見つけたら声をかけてあげる。困っている人がいたら助けてあげる。電車やバスで高齢者に席を譲ってあげる、などなど。

日常からご家庭でできる人権意識の形成は、**誰にでも分け隔てなく接している親の姿を見せていく**ことで、十分可能です。

ぜひ、日常から心掛けてみてくださいね。

「ハズレ」の先生に当たった

昔の「ハズレ」、今の「ハズレ」

「当たりだ！」とか「ハズレだ！」とか、まるでアイスキャンディーの棒のように言われる担任の先生。

昭和の頃だと、産休予定の先生だったりすると、「学年の途中で、誰に受け持たれるのか？　何だか半端だし」とか、「代わりに来る先生が新米の先生だったら、勉強のほうも心配」と思う保護者もいたようです。

そのようなことでハズレという判断がなされることもありました。

今は、人によって感じ方、受け止め方も違ってきて**「ハズレ」の判断基準も多様化**しています。

新米だ。目立つ子どもだけ相手にする。冷たい。暗い。親の意見に耳を貸さない。宿題をあまり出さない。やりきれないほどの宿題を出す。完璧主義者。よく休む。人格を否定する。子どもにしつけができない。いじめのサインに気づかない。怒ってばかりいる……。

「人格を否定する」とか、「いじめのサインに気づかない」など、子どもの人格形成や将来にまでかかわってくるような場合もあれば、「そこまで要求するのは、期待しすぎかも」というレベルまでさまざまです。

話し合いの前にやっておいたほうがいいこと

それぞれの対処法を挙げていたら枚挙にいとまがないのですが、1つポイントがあります。

「担任を育ててやっています」という応援の気持ちを持って、学校や担任に対してクレームがあれば、代わりの案を出せるような準備をしてから、きっちりとアポイントを取って話し合いに臨むことです。

正論をぶつけて相手を叩きつぶしたり、担任の知らないうちに上層の機関に訴えたり、子どもの前で担任の悪口を言ったり、相手の言い分も聞かず、一方的にこちらの言い分だけ押しつけたり……。

そのような形では、良い結果を生むことはまずありません。

「ハズレ」でも、人間関係を構築しておいたほうがいい理由

学校から案内があって親が学校へ行くのは、入学式や卒業式などの大きな行事、授

業参観日や個別懇談会などの定例の行事、ＰＴＡ関連の委員会や役員会などなど。

学校から個別に呼ばれて行くのは、おおよそあまりうれしくないことが待っているとき。

親御さんが学校に連絡して出かけて行くのは、子どものことで何か心配なことがあったり、相談したいことがあるとき。

一般的に、学校とご家庭の関係は、そんな感じではないでしょうか？

まず、「学校から個別に呼ばれて」というケースをちょっと考えてみましょう。

もしかしたら、パパたちの中には、「子どもの頃は結構やんちゃで、親が校長室に呼ばれていたなあ」なんて、思い当たる人もいるかもしれませんね。

どのようなときに、わざわざ親御さんに学校に来てもらうことになるのでしょう？

今は、昔とはちょっと違うかもしれません。

やはり多いのは、反社会的な行動が見られ、「これは、今のうちにお家の方と協力して、危ない要素や非行の芽を刈り取っておかなければならない」と判断したときです。

わかりやすく言えば、万引きなどの行為があったときです。小さいうちに指導の機会を逃してしまうと、大きくなればなるほど事態が悪化してしまうので、これは早いうちに、何がどうしていけないかをきっちり教えておかねばなりません。

さて、親御さんから学校へ連絡して出かけていくケース。

これについては、**「お困りなことや心配なことがあったら、いつでもおいでください」というのが多くの学校のスタンス**なので、「学校はなんだか敷居が高くて……」などと言わずに、わが子のためにと思って、相談するのがいいと思います。

ただ、**突然行くのではなく、できるだけアポを取ってからのほうがいい**でしょう。教師も出張だったり会議中だったりすることがありますので。

学校の役員や係をできるだけ引き受ける

お子さんを初めて小学校に入学させると（自分もかつては小学生だったことがあるものの）、いろいろなことがよくわからなくて、なんだか不安……。

そう感じているママやパパは、結構いるようです。

多くの学校は、入学式、もしくは最初の参観日あたりに、保護者の中で学級委員や各役員、係を決めます。

ＰＴＡの組織には、本部というのがあって、会長、副会長、会計、監査等がおり、その下の組織に学年委員がいて、環境委員会、広報委員会、教養委員会、厚生委員会などいくつかの専門部会があり、活動しています。

それは、学年行事の世話役だったり、奉仕作業のとりまとめだったり、新聞の発行だったり、教育講演会の企画運営だったり、親善スポーツ大会の運営と参加だったり、学校により若干違うものの、活動内容にそう違いはありません。

仕事が忙しいのに嫌だなあ。小さい子がいるし……。

いろいろ思うところはあるかもしれませんが、ほとんどの保護者の方は、何らかの役がきたら、「よくわからないんですが」と言いながらも、なんとか活動してくださいます。

子どものためには、できるだけ役員や係を引き受けるようにするほうがいいでしょう。

それは、**学校の情報はもちろん、学校における子どもの様子を把握する機会が増えるから**です。

担当の先生と知り合いになったり、それまで知らなかった保護者の方と知り合いになったりするチャンスでもあります。

教師も人間です。役員や係を引き受けて、**教師とのコミュニケーションが増えれば、何か悩みを抱えたときには、親御さんも相談しやすい**ですし、教師も親御さんをよく知っていれば、事情を理解するのも早いですし、対策も立てやすくなります。

わが子がお友達関係でトラブルを抱えたときの保険としても、引き受ける価値はあると思います。

やはり、**親御さんと教師の日頃の人間関係が、トラブル解決をスムーズ**にします。

ちなみに、ＰＴＡとは、「Parent-Teacher Association（親と教師の会）」の略です。

大切なお子さんを、教師と親御さんの両面から見守り、楽しい学校生活が送れる環境をつくっていきたいですね。

先生に動いてもらうためには、どうすればいい？

先生が真剣に対応してくれる親、あまり対応したくない親

先生も保護者も、お互いに感情のある人間ですから、先ほどもお話ししたように、日頃から良好な人間関係を築いておくと、好ましくない事態が起こったときも、物事がスムーズに進むのは確かです。

「〇〇ちゃんのお母さんは、どこどこに勤めている」というだけの事務的な情報のみ

の方と、いつも落ち着いていて、わが子のことにもしっかり対応しているお母さん。そのお母さん方から、「相談がある」と言って、なんだか慌てた様子で電話がありました。

そういう場合、やっぱり後者のほうが、いろいろなことを対応しやすいものです。最近は良好な人間関係どころか、最初からケンカ腰の人や、「モンスターペアレンツ」と言われる、すぐには対応できにくいようなクレーム満載の親御さんまで現れる時代です。

ある学校の職員室で、先生方が、びっくりするような言葉が書いてある連絡帳について話をしていました。

あるお子さんの親御さんから何か対応してもらいたいことが書いてあったのですが、その連絡の最後の部分に書かれていた言葉は、「私も、黙っていませんから」。

おやおや、最初からなかなかのケンカ腰です。

すると、その隣の先生が、「そんなのまだまだ。子ども同士がもめたことに対しての対応について意見があったらしいんだけど、そこになんて書いてあったと思う？『私も、出るところへ出ますから』」

これは、またその上を行くような表現です。

どう対応しても、こんなことを言われるのでは、教師も真剣に対応する気力が薄れてしまいます。

やはり、一方的ではなく、**教師側と親御さんの両方で協力し合いながら、問題を解決していくという姿勢があるかないか**が、大きな分かれ目だと言えます。それには、親御さんと教師の間に良好な人間関係が築かれているかどうかが、大きくかかわってきます。

「用件の緊急度別」に動いてもらうコツ

学校に出向いて、先生に相談しなくてはならないようなことが起こったときに、どんな形をとると、より効果的な話し合いができるのでしょうか？

日頃ちょっと心配なことがあるが、緊急というほどでもない。

そんなときは、近々参観日があるようなら、学級懇談会のあとなどに、少し時間を取ってもらいたい旨を**前もって連絡帳などで伝えてアポを取っておく**と、先生のほうも予定に入れてあるので、落ち着いて相談しやすいでしょう。

一方、「これは一刻も早く学校に相談したほうが良さそうだ」と判断した用件の場合は、**先生が直接出られそうな時間帯に電話で連絡を入れ、話し合いの日時をまずは確保**します。

「いじめに関係がありそうだ」「簡単な問題ではなさそうだ」というときには、**学年主任や生徒指導主事の先生、教頭先生などに同席してもらいたい**旨も伝えます。

複数の関連する先生方に話し合いに出てもらったほうが、その後の展開がスムーズに進みます。学校側で時間の打ち合わせが必要な場合は、折り返し電話をもらうようにして、いったん電話を切り、その電話を待つようにするといいでしょう。

相談の日時や場所が決まったら、できるだけ**ご両親で出向いたほうが、より本気度が強いと判断**されます。服装なども、背広にスーツのようなきちんとしたもののほうがさらに効果的です。

学校の敷居は高い？

授業参観日の活用法

子どもたちは、お家の方が見に来てくれるのをわくわくしながら待っています。兄弟、姉妹のいる子は、自分のところへママ、パパが来てくれるのを今か今かと待っています。

「親が来たら、かっこよく手を挙げたいなあ」と思っている子はとても多いのです。

授業参観の日には、お子さんのがんばっている様子はもちろんですが、いろいろな「見どころ」があります。

担任の先生は、お子さんの作品の数々を展示したり、所属した係ごとに写真を撮って掲示したり、学習の様子がわかるものをいろいろと用意して待っています。

そういったものを見るときのコツとしては、**他のお子さんと比較するのではなく、自分の子どもの個性として、作品からのメッセージを受け取ってください**。絵画、書写、作文、観察記録、造形作品など、それぞれ得意としている子もいれば、苦手としている子もいます。

「まったく、うちの子の作品は。それに比べて○○ちゃんは……」ではなく、「○○ちゃんの作品は、こういうところがいいなあ。こういう目のつけどころがすばらしいなあ。今度うちの子とも話し合ってみようかな。次回、何かの参考にさせてもらおう」といった感じでとらえて、今後に活かすことがいいでしょう。

参観日は、親子のコミュニケーション、親としてわが子の自己尊重感を満たしてあげる絶好の機会だととらえてください。

他の項目でもお伝えしたとおり、「自己尊重感」は、いじめやお友達関係において、とても重要なエッセンスです。

ぜひこのチャンスを大いに活用してください。

先生と話す機会がなかなかとれない親におすすめの会合

一回目の参観日には、多くの学校でPTAの**「総会」**というのもあるはずです。

これは、専門委員にでもなっていないと、あまり関心を持たれないのですが、「今年度、学校では、どのような活動が予定されているのか」「PTA会長をはじめ、本部役員はどんな顔ぶれなのか」、さらに、「学校の職員の紹介」など、参考になることも多くあるので、できれば、顔を出すことをおすすめします。

次は、**学年・学級懇談会**。傾向として、1年生・6年生の保護者の参加率が高く、ある程度慣れてきた中学年の参加率はどうしても低いようです。

その学年・学級のこれからの運営方針を聞くことができますし、これからのさまざまな予定や学習のことなどもわかるいい機会です。

担任の先生と顔合わせする機会がなかなかないとしたら、先生とじっくりと話のできる数少ないチャンスでもあります。こんなに良い機会を利用しないのは、もったいないですよ。

中には、この**懇談会**で学年（学級）委員を決めるという学校もあるかと思います。「それでなくても忙しいのに、当てられたら嫌だなあ」と思っている親御さんもいるかもしれませんが、どうしても都合が悪いならその旨を伝えて辞退することもできますし、6年間のうちには、一度体験してみることも、長い子育ての中ではありかもしれません。

学校も保護者と仲良くしたい

「こんなことを聞いてもいいのかな？」と遠慮してしまう親御さんがいます。

どのようなことでも、わからなかったり迷ったり心配なことがあったりしたら、遠慮せずに相談すべきです。もちろん、電話で済むことだったら電話でもかまいませんが、「会って話をしたほうが早い！」ということもあります。

面倒なことになりそうな用件でしたら、なおさら学校に足を運ぶことをおすすめします。

学校も教師も、込み入った話のときには、電話ではなく、直接会って、顔を見ながら話をすることを求めています。

電話だと、声からしか情報を得られません。**会って対面で話をすると、表情や呼吸や動作など、いろいろなものから親御さんの感情や情報を読み取ることができ、より深い話し合いが持てる**からです。

一般の会社でも、何か難しげな会議が終わったあと、懇親会が開催されるケースがあると思います。

それは学校も同じで、ＰＴＡ役員との懇親会とか、学級の保護者の方との懇親会とか、アルコールなども入れながらわいわいと交流を深める会を開催します。

目的は、ママ、パパたちと良い関係を築くためです。家庭と学校が協力して子どもたちを育てていくには、親御さんたちとはぎくしゃくした関係でないほうがいいに決まっています。

いじめをしないような子を育てることも重要な昨今、腹を割って話し合うことは、とても大事なことなのです。

いじめをしているかもしれないサインを察知した

「いじめている」可能性もある

お子さんが学校へあがると、「うちの子は、いじめられていないだろうか？」と心配する親御さんはたくさんいます。

逆に、「いじめているのではないか？」という心配は、あまり聞こえてきません。

ところが、**「うちの子に限って、いじめなどするはずがない」**は、**通用しない時代**になってきています。

ジャイアン型いじめっ子のいた時代は、いじめる側には典型的なタイプがあり、わかりやすかったのですが、現代は、いじめっ子に決まったタイプなんてありません。すごく優秀でリーダータイプの子が、あるときはいじめる側に回ったり、そうかと思えば、いじめられる側に変身していたりするのですから、一筋縄ではいかないのです。

陰湿ないじめをしていても、おとなしかったり、明るかったり、親御さんがしっかりしていたりすることもあるので、「まさか、あの子が」という、先生も気づきにくい面があるのです。

いじめる理由は、何でもいいのです。

何かしら「いちゃもん」をつけて、ストレスを解消したり、優越感を味わったり、憂さ晴らしをしたり、ゲーム感覚で屈折した楽しみを味わったり……。

ということは、いじめはそう簡単にこの世からなくならないとも言えます。

思春期に入ってからのほうが、こうしたいじめはエスカレートしていきます。

低学年のうちからあらゆる手を尽くして**「いじめをしない子ども」に育てていくこ**とが大事です。

「お友達になりたい子」を育てるというのは、この子をいじめようとは思えないような人間的な魅力のある子に育てるという意味であるのはもちろんですが、同時に、いじめをしない子、**まだ「人権」などという言葉はわからなくても、心でそれがわかり、その人権を尊重できる子を育てる**という意味でもあります。

これまでの各章の中で、「人の心の痛みがわかる」、「人の心を想像できる」感性を育んでいくためのさまざまなお話をご紹介しました。できることからぜひ、実践してみてください。

もしわが子がいじめる側だったときの対処法

これまでお伝えしてきたように、現代は、どの子も被害者にも加害者にもなりうる時代です。

しかし、親としては「うちの子に限って」と思っているので、もしいじめる側になっていたとしても気づきにくいことは、お伝えしたとおりです。

ただ、それが表面化するケースがあります。

「わが子が、いじめる側になっているかもしれない」という話をママ友同士の会話の中で発覚するケースです。

「お宅のAちゃんが、同級生のBちゃんの嫌がることをやっているみたいって、うちの子が言ってたけど、大丈夫？」といったものです。

そんなとき、どうすればいいか？

思ってもいないことに慌てて、相手のお子さんのお家にうかがっても、そちらの親御さんは、「はぁ〜」と曖昧な対応しかできないかもしれません。それでは、きちんとした解決にはなりませんよね

やはり、ここは**学校に入ってもらうのが一番**です。

学校に相談するときの「伝え方」のコツ

ただ、学校に相談するときの、ちょっとしたコツがあります。

このコツは、お子さんがいじめる側だった場合だけでなく、被害に遭っているかもしれないときも有効な方法です。

いきなり「うちの子、Aちゃんをいじめているみたいなんです」とか、「うちの子供が、Bちゃんにいじめられているんです」と、**最初から「いじめ」という言葉を使うのは、あまりおすすめできません。**

今の時代、**学校はこの「いじめ」問題に非常に敏感**だからです。

学校側が必要以上に構えてしまい、一番知りたい真実が引き出せない可能性があります。

ポイントは、伝え方にあります。

たとえば、こんな感じがいいでしょう。

「うちの子が、Aちゃんに○○○のようなことを言っていたようなので、家でもよく話し合ったのですが、Aちゃんの様子は大丈夫でしょうか？」

「うちの子は、Bちゃんにこういうことをされて、嫌な思いをしているようなのですが、こういうことはやめるように、先生のほうからお話ししていただけないでしょうか？」

というように、把握している事実を伝え、いじめる側だったら、相手の様子を調べてもらい、その後の対処法を話し合ったり、被害者側だったら、「それは早急に確認し、そういう事実があったら、指導いたしますね」と学校もいじめの防止に動きやすくなるように持っていくのがベターです。

子供同士が殴り合いのケンカをするようなこともなくなってきた昨今、よくよく調べてみれば、いじめとしてしまう出来事ではなく、成長過程で経験することによって、人の心の痛みを知り、コミュニケーションをスムーズにとる方法を学ぶケンカの形だったりすることもあります。

ですので、**まずは決めつけずに、冷静に。**

もし、わが子がいじめる側だったことがはっきりしたときは、うやむやな状態にせず、きちんと反省させ、自分がやられて嫌なことは、人にもしてはいけないことをしっかりと指導することが、そのいじめた側のお子さんの救済にもなるのです。

ここをきちんとしておかないと、他者への思いやりの心も育たず、人の痛みも想像できない、いじめを正当化するような憂うべき人間に成長していくことにもなりかねません。

大人になって一番の被害者になる可能性があります。ぜひその芽はしっかり摘んでおきたいものですよね。

いじめられているかもしれないサインを察知した

ふだんのわが子の観察術

子どもがいじめに遭っている場合、具体的なサインが出やすいので、子どもを見ていればわかります。

共働きで親の帰宅が遅く、子どもが部活や塾で夜も家を空けていて、親子が接触する時間も場面も少ないとしても、顔を合わせたときしっかりと気持ちを向ければ、子どもの変化はわかるはずです。

日頃から、子どもの様子を見て、察知する力をつけておきましょう。

「もう苦しくて、死んでしまいたい」と思っているような子が、朝起きてきて、「おはよう！」と元気に挨拶し、朝ご飯をパクパクと食べることはありません。よほどの演技力がない限り、ボロを出さずに、そのような演技をするのは無理でしょう。

「食欲がないな」「元気がないな」と感じたら、病気の他にも、あらゆる可能性を考えてみてください。

サインを察知するチェックポイント

ご家庭でいじめを発見するのに役に立つポイントがいくつかあります。中学生のそれとは少し違う部分もありますが、同じ部分もあります。

◎食欲が落ちている。

◎「ただいま」の声など、全体的に元気がない。
◎よく物をなくす。消しゴム、鉛筆、ティッシュ、筆箱、下敷き、上履きなど。
◎ノートや教科書に本人のものではない落書きがある。
◎ランドセルやバッグに傷がある。
◎服に靴跡がついている。
◎お小遣いが早く減る。買った物を見せない。
◎朝、微熱や吐き気があり、登校したがらない（特定の曜日に限定されるときは、嫌いな教科や行事のことがある）。
◎なんとなくイライラしている。
◎夜、うなされたり、歯ぎしりしたりして、安眠できない様子が見られる。
◎寝汗をたくさんかく。
◎顔や背中、太ももなどに青あざがある。
◎ランドセルの中に本人には無関係のゴミが入っていたり、「死ね」「バカ」などと書かれた紙片が入っていたりする。

中学生になると、ケータイのメールやLINEとのかかわり方が変わってくるなど、また違ったチェックポイントが加わります。

サインを見つけたときの言葉かけのコツ

小学生の場合、難しくなってくるのは、思春期突入の頃です。親が「何かおかしい」と感じて真っ正面から聞いても、「そんなことはない」で終わってしまいます。

「大丈夫？」

「大丈夫」

こんな感じで終わりです。

そこで、**「オープン・クエスチョン」と言われる、「YES」「NO」では答えにく**

い質問をしてみましょう。

「〜は、どうしてる？」「〜は、どうなの？」のようなフレーズを使います。

たとえば、

「この頃、○○ちゃんたちとは、どうしてる？」

です。

持ち物に傷や落書きがあったり、服が汚れていたりしたら、**「どうしたの？」より、「何かあったの？」と聞くほうが答えざるを得なくなります。**

まず、このような質問をして、現状を把握してください。

学校へのアプローチの仕方

子ども自身はあまりはっきりとしたことを言わなかったとしても、いじめられていそうなサインを見つけ、現状を把握したら、学校へアプローチして連携して対応に入ります。

「学校に言ったって、どうせダメだ」ということはありません。報道ニュースで流れてくるような非協力的な学校はごく一部であり、**多くの学校では、親御さんと協力しながら無事に収めるケースが大多数**なのです。

テレビのニュースなどを見ていると、「いじめに遭ったら、もうダメ！」みたいな印象を受けますが、**大事《おおごと》になったものだけがニュースになる**のです。「いじめがあったけど、丸く収まりました」では、ニュースになりませんから。

「子どものことで、ご相談したいことがあります。時間を取ってほしい」という連絡を入れて、相談する側も複数、される側も複数で対応してもらうのがベストです。

学校に相談に行くときのアプローチについては、先ほどの項目をもう一度ご確認ください。

ママのための「小学生の男の子」育児講座

男の子の3つの成長ステップ

この本は、小学生のお子さんを持つママ、パパに向けて、参考になるようなお話をお伝えしていますが、どちらかといえば、子育てに直接的にかかわっているママのほうが多く手にとってくださっているのではないでしょうか？

同性である女の子の成長過程は、自分自身を振り返ればだいたいはわかるけれども、異性である男の子については、わが子といえども、戸惑うことがあると思います。

そこでこの章の最後に、男の子についての理解が深まるように、その成長過程を、順を追ってお伝えしましょう。

お友達関係をスムーズにするためにも役立つと思います。

6～8歳、9～10歳、11～12歳。

それぞれの時期に、子どもたちには大きな変化が起こります。

甘えたいのに甘えられない。環境の変化に戸惑い――6～8歳

「小学生になる」というのは、大人が考えている以上に、子どもにとってはたいへんな出来事、大きな試練と言ってもいいかもしれません。

近年の幼稚園や保育園では、座って学ぶ座学よりは、子どもの創造性を育てるため「自由保育」をしているところが多く、小学校入学までは遊びが中心の生活をしてきています。

ところが、小学校に入学すると、長時間自分の席に着いて、おとなしくしていなければならなくなります。さらに、「勉強」までしなくてはいけない。

それまで**自由に過ごしてきた子どもたちにとって、人生で最初の戸惑いの時期**です。そのギャップはあまりにも大きく、本当のところ、かなり戸惑っているというのがこの年齢の子どもたちの状態なのです。

男の子は、特にママには甘えたいものですが、小学校入学の頃は、そういった壁を前に、「精神的にとても不安定な状況」にあるということを、ママもパパも十分理解してあげる必要があります。

お友達との「競争」がスタート――9〜10歳

「ギャングエイジ」と言われる小学校3〜4年生のこの時期は、勉強も人間関係も、2年生までとは、がらりと変わってきます。

子どもたちにとっては、ここで大きなストレスがかかります。2年生までは「みんな仲良く、あまり差もなく」、そして大きな競争もなく過ごしてきたのですが、そうはいかなくなってくるのです。

3年生になったとたん、国語も算数も覚えなくてはならないことが急に増え、勉強が難しくなってきます。前にお話しした**「9歳の壁」**にも突き当たります。

そうなると、子どもたちの間に「競争」が始まります。

「みんな同じ、みんな仲良し」だったはずの人間関係に、**「誰が上で、誰が下」といった序列**ができてきます。

子どもたちは、大人になるためのちょっとたいへんな通過儀礼のようなものを経験している。そんな状態です。

「競争」が始まり、ストレスがかかる一方、大きく成長する時期でもあります。

ですからこの時期、親としては、そのような状況を理解した上で、子どもを支えてあげようという姿勢も必要になってきます。

学校へ行くときは、「行ってらっしゃーい」と声をかけながら、心の中では、「がんばってねー」と、応援してあげましょう。

思春期に突入し、心が不安定――11〜12歳

この時期は、いわゆる思春期に突入します。思春期とは、皆さんご存じのように、子どもたちの心が最も不安定になる時期です。

何を聞いても、「別にー」。

何かを言うと、「それでー？」。

なんとそっけないことか。それでいて、口を開けば生意気なことばかり言う。

そんなわが子に対して、親はガミガミ言いたくなるものです。

「どうしたの？」「何があったの？」と、くどくどと言いたくなります。たずねたくなります。

でも、**それはNG**です。

この時期、親は、ちょっと離れたところからわが子を見守り、**「何かあったら、いつでも力になるからね」と、待つ姿勢**が必要です。いわゆる「見守り期」ですね。

この時期の男の子には、性の目覚めもありますが、大事なのは、親が過剰反応しないことです。

ママは、落ち着いて見て見ぬふりが基本です。「あらら!」と思うような本などを見つけても、おろおろしたり騒いだりせず、目をつぶって。

ただし、女性を馬鹿にしたような性的な発言に対しては、きっちりと注意してください。

第4章

学校の先生と上手に付き合うために

先生の日常を知っておくと、付き合い方が変わる

親が学校の先生と上手に付き合っていくことは、その子どもにとって大切なことです。**親が目が届かない時間帯に、子どもを学校の先生に託している**からです。子どもに関して何か問題や悩みが生じたときに、**相談できる相手**でもあります。

では、その相談相手である先生は、どんな環境にいて、具体的に何をやっているのか、親としても知っておいたほうがいいことがあります。

この章では、学校の先生たちの日常の状況をお伝えしつつ、学校の先生との付き合い方のポイントを解説していきます。

勤務時間中はずっと教室、切れ目なし

小学校と中学校の授業の持ち方で大きな違いは、皆さんもご存じのように、小学校の場合は、学級担任の先生がほぼすべての教科を指導しますが、中学校の場合はそれぞれの教科の先生が、各教科を別々に指導する点です。

小学校の場合も、高学年になり専門性が高くなってくると、音楽などのように専門の先生が教えることもあります。また、それぞれの先生は、強みのある教科を持っているので、一部の教科を交換して指導することもあります。

すべての教科を教えるということは、朝、教室に行ったら、間の休み時間に次の授業の準備をし、また次の授業が始まるので、ずっと教室に居ることになります。理科室などの特別教室を使う場合は、休み時間のうちに、そちらに移動します。

10分程度の休み時間に、急ぎの印刷をしに印刷室に行くことがありますが、混んでいるときは、ちょっと困ってしまいます。やっと先に使っていた先生が終わって自分の番がきても、そんなときに限って、「排版ボックスがいっぱいです」のサイン。

つまり、印刷用に製版した古い原稿用紙がいっぱい溜まっているから、捨ててからでないと動けません、と機械が訴えているわけです。

では、昼休みに。いえいえ、給食の後始末が終わると、トランペット鼓隊の練習の指導をしたり、連絡帳に返事を書いたり、宿題のノートにコメントを入れたりするなど、子どもたちが下校するまでにやることは山積みで、高学年なら6時間目が終わってさよならするまで、一気に時間が進んでいきます。

授業が終わっても、時期によっては陸上競技大会の指導をしたり、水泳大会の指導をしたり、子どもとずっと一緒に過ごしているうちに、設定されている勤務時間は終わり。

ですので、職員室は、教頭先生や教務の先生、事務職員などはいても、一日中空っぽです。

たまに、忘れ物などを届けに行ったときに、どこかの学級の先生が授業時間中にもかかわらず職員室にいたとしたら、それは、週に1~2時間あるかなしかの「空き時間」と呼ばれる時間です。

教頭先生や教務の先生がある教科を受け持つことによって、担任の先生に、印刷やら資料づくりやら、テストの処理やら、お便りづくりやらに使える時間を提供しているのです。とても足りませんが、貴重な時間です。

ただ、出張の先生などがいると、その学級の補欠に入ったりしますので、あまり期待できない時間ではありません。

先生に相談できる時間帯

ということは、小学校で担任の先生に相談したいことがある場合は、授業のある時間帯は難しく、昼休みも簡単な連絡事項以外は、じっくりと対応してもらえないと考えていいでしょう。

では、いつならいいのでしょうか？

やはり、**放課後**です。

放課後といってもかなり遅めの時刻になりますし、また、**会議のない日に限られます**が、放課後なら、込み入った話も保護者からお聞きして対応する時間が取れるはずです。

退勤時刻は、あってもただあるだけみたいなもの。そこから後が、次の日の授業の準備をしたり、成績処理やお便りを書くなどの事務仕事をしたり、授業についての学年の会議や打ち合わせをしたり、いろいろやっている先生がほとんどですので、重要な話でしたら、延長戦になることは想定しています。

ちなみに、教師たちには、こういった職務の性質上、残業手当というものはありません。

事細かに準備されている教育計画

今の小学生の親御さんの年代には、すでにそうなっていたかもしれませんが、**授業の時間割は毎月変わります**。

もう少し上の年代の人が子どもの頃は、時間割を学年の初めにもらうと、それは一年中変わらず、固定でした。

なぜ毎月時間割が変わるのでしょう。

それは、教科ごとにそれぞれ決められている授業時数が、年間に35週間やることになっているその35で、割り切れる数字ではなくなったからです。「図工は1週間に2時間」というような決め方ができないわけです。

ですから、ママ、パパも、新しく時間割をもらってきたら、よく確認しておかないと、一年中いつも「月曜の3時間目は体育」というように決まっているわけではないので、月間の予定も把握できないことになってしまいます。

大概は、図工などで準備が必要なものは、月のお便りなどで、お知らせはしておくものですが、「次の図工のとき、牛乳パックが必要。用意しておいて」とお子さんに言われても、「次の図工っていつ?」ということになって、戸惑ってしまいますよね。

さて、そのような時間割に基づいて、それぞれの教科でさまざまな学習を進めていくわけですが、こういった教科の内容だけではなく、行事も、各種教育も、ありとあらゆるものの指導計画が、前年度の3学期のうちに話し合われ決められています。

それは、それぞれの学校に、「知」「徳」「体」にかかわる教育目標というものがあり、それを目指して進めていく骨格のようなものです。

前にお話ししたように、学校の教育とご家庭での教育は、子どもを育てていく上で両輪をなすものであり、まして、学習面のみならず、その子を「人の痛みのわかるお友達になりたい子」としての魅力を持った子にプロデュースしていくとしたら、「こうなっていくんだ、学校」も、知っておくといいと思います。

子どもたちは夏休みでも、先生は休みではない

先生になった人でも、小学生の頃は誤解していた人が多いかもしれません。それは、夏休みについてです。

子どもや一部の大人は、「子どもが学校に来ない休みなんだから、子どもを教えている先生も休みに違いない。いいなあ、たっぷり夏休みがあって」と考えているかもしれません。

これは、誤解です。

7月中は、学校対抗の水泳大会などの練習指導に、学校プールや市民プールで朝から声をからし、授業のある時期には取れない、時間をたっぷり使った研修会や研究会に出張し、なかなかまとめてできない教材の研究をし、今度提案しなくてはならない会議の資料をつくり……、やることはたくさんあります。

授業がないので、休暇は取りやすくなりますが、普通の会社と一緒で、やはりお盆の頃が集中して休む時期になります。

ただ、子どもたちが休みだから休めるわけではなく、自分の有給休暇を使って、休みやすい時期に休んでいます。

学校の先生にお子さんのことをじっくり相談したかったら、こういう長期休業のときがチャンスです。

出張などで学校を空けていることも多いので、**前もってアポを取ることが第一のポイント**。また、他の先生、たとえば学年主任の先生や生徒指導の先生、教頭先生などに同席してもらいたいような話だったら、学校へ出向くのが可能な日時を複数伝え、調整してから連絡をもらうようにするといいでしょう。

小学校でも冬休みの前などに、保護者の方と個別懇談をするところは多くありますが、これも懇談時間が限られていますので、席を改めて相談するなら長期休業のときがチャンスということです。もちろん、**重い内容ばかりでなく、必要ならちょっとした相談もしてみてください**。

親が知っておきたい「職員室＆校長室」の世界

小学校では教科別ではなく、各クラスの担任がそれぞれのクラスをすべて指導しているので、先ほどもお伝えしたとおり、授業時間は、基本的に職員室に学級担任の先生方はいません。パソコン相手に、教頭先生や事務の先生が文書をつくっていたり電話の対応をしていたりします。たまに、保健の先生がコピーをとりにやって来たりすることもあります。

どうしても担任の先生に連絡しておかなくてはならないことができたら、何年何組の誰の親かをきちんと名乗り、電話に出た職員に言づてを頼んでおきます。

最近は、子どもを巡る物騒な事件も起きるような世の中ですから、登校後は校門が閉められていたり、来校者には名札をつけてもらったり、慎重な学校がほとんどです。言づてにしても、子ども自身の動静に関する場合は、かなり慎重に対応します。

職員室だけが空っぽなわけではなく、校長室も留守ということがよくあります。

「校長先生は、授業をやらないのに、いない？」

はい。授業はやりませんが、授業をやっている教室の様子を見たり、教育委員会や校長会の会議に行ったり、いろいろ動いています。

部屋にいるときは、来客の応対をしていることも多くあります。PTAの会長さんなどは、いろいろな打ち合わせに来校することも多く、よく校長室で話をしています。

授業時間以外に校長室に来客というときは、場合によっては少し「重い」内容が話し合われていることもあります。

そこに何組かの親子と、生徒指導の先生や担任の先生が一緒にいたりするときは、何か反社会的な行ないがあったり、人の痛みのわからない行動が見られたりしたときの話し合いであることも考えられる場所だったりもするわけです。

校長先生が誰よりも早く給食を食べる理由

校長先生というのは、先ほどの話のように、子どもの将来にかかわるような場面に同席し、マイナスの方向に行きそうな子をプラスの方向に引き戻す成り行きをじっと見守っていたりもするわけですが、実は、学校中の誰よりも早く、給食を食べる人でもあります。

「偉いから」ではありません。そういう係なのです。好き嫌いがあったとしても、がんばって食べます。

これを**「検食」**と言います。要するに、**子どもたちのための「お毒味役」**という、たいへんな役目なのです。

そう簡単にいろいろな症状は現れないかもしれませんが、私の在職中一度だけ、校長先生の検食で助かったケースがあります。その学校に納入しているベーカリーで、いつもと違い、できたての食パンをスライスして翌朝納品できるようにしておきました。

時期が悪く、このできたてで、まだ温かかったものが重なって密着していたことから、気づきにくい程度のカビが発生していたのです。パクリとやろうとした校長先生が、何となく黒っぽいものが表面に見えることに気づき、さっそく連絡。すべてのパンを廃棄して、別のパンを納入してもらい、何事もなく済みました。

給食1つとっても、このようにいろいろなことが学校では行なわれています。相手のことを知ることは大事なことです。

学校のこんなちょっとした事柄を知ることによって、身近に感じられるようになってくるといいですね。

親の前では話さない、職員室での話

皆さんは、「メンサ」をご存じですか？

人口の上位２％の知能指数を有する高ＩＱの人たちの団体です。著名な人物では、アメリカの女優のジョディ・フォスター、脳科学者の茂木健一郎氏、京都大学卒の高学歴芸人として有名なロザンの宇治原史規氏などが、メンサの会員です。

学校では、学習指導する際の判断材料として、知能偏差値を参考にすることがあります。また、その数値により（高すぎる場合にも）特別な指導が必要だと判断するときの資料として参考にしたりします。

しかし、ほとんどの学校では、この数値自体を個人にお伝えすることはありません。

現れた偏差値よりもずっと高い学力を示す子もいれば、反対にずっと低い学習結果を出してしまう子もいます。

後者は、アンダーアチーバーと呼ばれますが、この場合は、「もっとできてもいいはずだなあ」と判断して、どこをがんばると伸びるのか、いろいろと見ていくわけです。

日本では、小学生はメンサに入会する年齢になっていないので、入ることはできないのですが、おそらくこの子は入会基準の上位2%に該当するだろうなという5年生の児童が在籍していた学校に勤務していたことがあります。

私たちは、いろいろな指導法を研究するため、授業研究というものを頻繁に行ない、**教員がお互いにそれぞれの授業を見に行きます**。

この児童のいるクラスの授業研究を見に行ったときのことです。先生の話を聞いているのかいないのか、外を見たり、後ろにいる私たちのほうを見たり、落ち着きなく過ごしている子が彼だということはすぐにわかりました。

算数の授業で、ある課題を解決するために、自分の考えをまずはノートに書くことになり、子どもたち皆が鉛筆を持って取り組んでいたときです。

そのときまでキョロキョロとして一向に先生の話など聞いていなかったように見えた彼が、やおら鉛筆を持つと、お世辞にもきれいな字とは言い難い字で、さらさらと文章を書き始め、あっという間に鉛筆を置きました。そこには、他の子どもたちの誰もが思いつかないような視点から的確に導き出された解決法が書いてあったのです。「上位2%の知能のなせるわざとは、こういうものなんだ」と、参観していた教員は皆、納得させられました。

こういう状況についての**専門的な話は、職員室でします**。

保護者との個別懇談などで、一般のワークテストの結果や、分析された知能テストや学力テストの資料も基にしてお話をするのですが、知能偏差値がどうこうという専門的な部分は話さないものです。

先ほどの児童のように、この知能指数、神様は皆に平等には与えてくれなかったようで、ばらつきがあります。

お子さんの成績について先生と懇談するときは、こういったことも、ちょっと頭の片隅に置いておくと、話がわかりやすく聞き取れると思います。

先生同士の人間関係

1クラスしかない単学級の場合は、隣接の学年、たとえば1年生と2年生の低学年など、2クラス以上の場合は同学年、どんな先生とチームを組むかということは、私たち教員自身も結構気になるところです。

そこは専門家の集団ですし、大人ですから、誰と組んでもスムーズにやっていく術《すべ》は心得ていますが、それぞれ個性があるので、「やりにくい」「やりやすい」という感覚はあります。

すごくおおざっぱなタイプの先生が、少々細かい学年主任と一緒にやっていくことになったら、ちょっと窮屈な感じがするでしょう。

でも、いろいろな個性の先生が集まっている学年は、それぞれの個性が発揮されて、子どもたちもそれなりに楽しめるものです。

学習発表会とか運動会、修学旅行など、学年単位で活動することは多々ありますので、何年生として丸ごととらえますから。

そしてこれだけは、**子どもの前では言わないほうがいいこと**があります。

それは、**「○○先生の組のほうが良かったわねえ」**ということです。「ハズレ」とまでは思わないにしても、比較してしまうこと自体、いいことではありません。

子どもたちは白紙状態で、親の影響を受けやすいことはすでにお伝えしたとおりです。その先入観が、子どもと先生との関係性を悪化させてしまう危険があるので、できるだけ避けたいところです。

性格的に合わなくても、互いの特技を尊重する

小学校で指導する教科は、8～9教科もあるので、**各教員それぞれに得意不得意はある**ものです。そのようなことも考慮に入れて、**交換授業を行なう**こともあります。

たとえば、ピアノの不得手な先生が、音楽の授業を、隣のクラスの体育の授業と交換するなど。

また、不得意ではないけれど、○○先生ならもっと詳しいというときは、ちょっと指導してもらいたい旨をお願いに行って、自分のクラスの子どもたちに教えてもらうこともあります。

たとえば、陸上競技の指導がうまい先生に、学級対抗のリレーの指導をお願いする。そういう先生は、オリンピックの日本チームのリレーのように、それぞれの子どもの状態を把握した上で、数学的な考えから割り出した数字を使って指導してくれたりします。

また、図工の絵画指導などは、やはり個性の引き出し方、描かせ方をよく心得ている先生がいます。ちょっと協力をお願いすると、子どもたちの絵が見違えるように変わることもあります。

こういった先生方のそれぞれの特技を活かした連携指導の結果、ママ、パパが「おーっ！」と、驚くような結果を残す子どもたちも出てくるわけです。ご参考までに。

仲が良くても、時にはライバル

前出のように、連携指導で子どもたちに結果を残させることもあれば、それぞれの先生の指導で結果が出てくる類のものもあります。

たとえば、作文のコンクールとか、学力テストの結果などです。

子どもたちのレベルにそれほど差のないクラスなのに、学力テストの分析の結果、どこかの領域に差が見られたら、何か伸ばしやすい指導方法があったのかとライバルではあっても聞いてみます。**「もしかしたらこれが効いたかも」というものがわかったら、さっそく自分の指導にも採り入れてみる**ようにします。

そんな仲良しライバルの先生たちがいます。

いかがでしたか?

わが子のお友達関係をはじめとするさまざま相談の相手である「学校の先生」の〝生態〟を知ることで、学校や先生への意識が少しでも変わればうれしいです。

おわりに

「私の顔」を取り戻した分だけ、まわりにやさしくなれる

最近、注目されている言葉に「ワーク・ライフ・バランス」というものがあります。聞いたことがある人も多いでしょう。

「仕事と生活の調和」と訳されるようですが、現代人の在り方として注目されている考え方です。

「自分の持つさまざまな顔を、それぞれ一つひとつ大切にする」

これは、ハッピーな人生にする秘訣ともいえます。

◎お子さんにとっての**「ママの顔」**。

◎仕事をしている**「仕事の顔」**。

◎夫にとっての**「妻の顔」**。

◎ご両親の前では**「娘の顔」**。

◎夫の両親の前では**「嫁の顔」**。

そして、忘れてならないのが、

◎一人の人間として、女性としての**「私の顔」**。

このように、働くママにはいろいろな顔がありますが、どれをとっても大事な顔。かけがえのないものです。それぞれの顔のバランスがうまく保たれていると、心も安定します。

特に**「私の顔」の比重が上がると、心に余裕が生まれ、家族やまわりの人にやさしくなれる**ものです。

ところが……。

乳幼児から義務教育真っ最中ぐらいのお子さんを持つママは、「ママの顔」の比重が上がり、下手をすれば、この顔だけで生活全般が回りそうになります。そこまではなくても、こうした時期は、どうしても一時的に「ママの顔」に比重がかかってしまいますよね。

あなたは、どんなバランスでしょうか？

紙やノートと、ペンをご用意ください。

ここ一週間の日常のことを振り返って、一日平均のそれぞれの顔のバランスを書き出してみてください。

まずは、「私の顔」から、ドーンといきましょう。

◎私の顔（自分のために使った時間　※自分磨きや自己啓発も含めて）　**時間**
◎ママの顔（子どもに関連したこと）　**時間**
◎仕事の顔　**時間**
◎妻の顔（夫との時間）　**時間**
◎主婦の顔（家事などに使った時間）　**時間**
◎その他○○の顔（何か他の顔をお持ちなら）　**時間**

いかがですか？

何か気づいたことがありますか？

「きゃーっ。私って、ママの顔ばっかりーっ！　次が仕事ぉ!?　そして主婦ぅ!?　私の顔って、たったこれだけー⁉」

ママとして忙しくなってくると、しわ寄せがいくのは、「私の顔（自分の時間）」ですよね。

ちょっとの間ならがんばれるけれど、だんだん歪みが出て、なんだか息苦しくなってきてしまいます。

だって、自分の気持ちを押さえ込んで、我慢しているってことですもの。

「ギョギョッ！」という結果が出たら、なんとかスケジュールを調整して、**自分の時間確保**に努めてみませんか。

自分の世界をきちんと持って、軸とする。

ママが私であることは、自分のためだけでなく、子どものため、夫のためにも波及していくんですよね。

「私の顔」の時間が少しでも確保できると、心に余裕が生まれます。

本編でもお伝えしたとおり、**わが子の話にもできるだけ耳を傾けることができるよ**

うになり、子どものちょっとした変化に気づいたり、子どもとの信頼関係がさらに強くなります。

それが、わが子の人間関係を応援する力になっていきます。

「私の顔」を取り戻した**ママの笑顔には、子どもに最高の安心感を与えるエネルギーが満ちています。**

「ヘルプ」と「サポート」を使い分ける

最後に、**「ヘルプ」と「サポート」の違い**について、お話しさせてください。

子どものマイナス面はどうしても目につきやすいので、ついつい小言を言ってしまったり、手を出してやりすぎてしまったりするものです。

それは、わが子の人間関係についても、同じようなことに陥りがちですよね。

「ヘルプ」と「サポート」は違います。

◎**「ヘルプ」**……助けること。援助すること。「あなたはそれをやる力がないので、私が代わりにやってあげる」というものが「ヘルプ」です。

◎**「サポート」**……支えること。支援すること。「あなたは力があって、自分でできるんだけれど、困ったときには手を貸してあげる」というものが「サポート」です。

目指すべきは、「サポート」ですよね。

そこには、**親から子に対する「信頼」**があります。その信頼は、子どももちゃんと受け取っています。

わが子のお友達関係でも、できるだけ「サポート」してあげてください。いざというときは、「ヘルプ」です。

より具体的に言えば、**「サポート」として、お子さんの話を最初から否定的ではなく、まず共感しながら聞いてあげてください。**

話をしてくれるのは、お子さんが親を信頼している証拠でもあります。その信頼を受け取ってあげてください。

その内容をしっかり聞いた後、アドバイスできることはアドバイスしてあげてください
そこまでが「サポート」です。

内容が深刻な場合は、「ヘルプ」です。

「学校の先生に相談する」段取りを組んであげてください。

愛するわが子の「お友達関係」にも、「サポート」と「ヘルプ」を上手に使い分けてみてくださいね。

「お友達関係」を通して、お子さんの学校生活が、より魅力に満ちた充実したものになることを、心から願っております。

2017年4月　風路京輝

〈著者プロフィール〉

風路京輝（Kyoko Kazemichi）

元小学校教師。「小学生子育てプロママ養成講座」主宰。東京生まれ。小学校高学年から福島県在住。幼・小・中（英語、数学）・高等学校（英語）の教員免許を有するが、小学校に最も長く勤務。教員生活38年で、接してきた親子の数はのべ1500組以上。「今の小学校の本当のところを知りたい」という親の疑問や不安に答えるブログ「先生が教える小学校と勉強　小学生子育てプロママ養成講座」を2011年にスタート。2015年3月に教員を退職し、小学生の子どもを持つ親の子育て支援を中心に積極的に活動を展開。「親の駆け込み寺」のカリスマとして、小学生を持つ親を中心に高い評価を受けている。

わが子が「お友達」関係で悩まない本

2017年5月15日　　初版発行

著　者　風路京輝

発行者　太田　宏

発行所　フォレスト出版株式会社

〒162-0824 東京都新宿区揚場町2-18　白宝ビル5F

電話　03-5229-5750（営業）

03-5229-5757（編集）

URL　http://www.forestpub.co.jp

印刷・製本　中央精版印刷株式会社

ISBN978-4-89451-971-8 Printed in Japan

乱丁・落丁本はお取り替えいたします。